MAXIMUM
scottie

MINIMAL

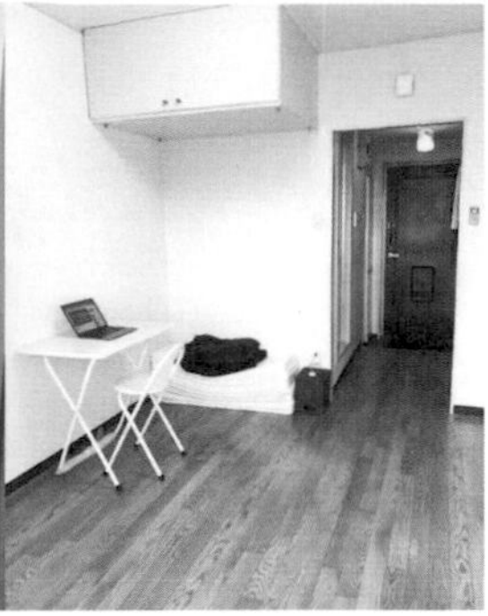

圖中是我首次一個人生活的住家。那是間房租一萬九千日圓、總坪數3坪、只有一個客廳的房間。當我有了極簡主義的想法之後，便只帶了一個行李箱的行李，從老家搬到這裡。

之後住的地方更加小巧，是只有一個房間、總坪數2.25坪、房租兩萬日圓的空間。由於我的家當不多，所以不會有很小、很壓迫的感覺，而且還覺得很方便打掃，也很容易找到需要的東西。

現在*則是搬到總坪數3.75坪、房租三萬五千日圓的房間。我的東西不多，所以這個精巧的空間就夠了。由於房子不大，因此房租也相對合理。

*譯註：指的是作者撰寫本書時搬入的房子

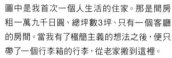

嚴選再嚴選的家具

這是掃地機器人「Braava jet」。正因為是沒在地板放什麼東西的極簡主義者，才能使用這台掃地機器人。這是讓做家事變得更省時的幫手。

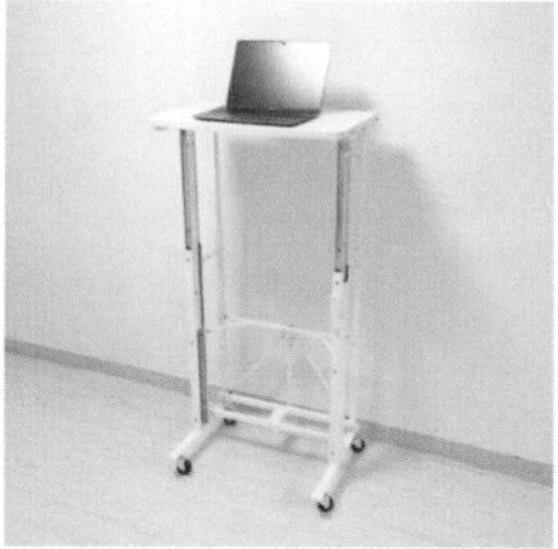

圖中是站立桌。站著工作能提升專注力，也能增加運動量。由於桌子底下有輪子，所以可視需求，隨時將桌子推到任何一個位置。

為了節省做家事的時間，我選了一台滾筒式洗烘衣機。為了讓洗衣服的流程變得更簡潔，我把衣櫃設計在洗衣機上面，衣服洗、烘好後可以直接吊在衣櫃裡面。

我的家具全部是「折疊式家具」。雖然減少家具的數量很重要，但是我也很重視「節省空間」這點。這麼一來，搬家與打掃都會變得很輕鬆。

圖中是嵌入式的天花板投影機「popIn Aladdin2」。也可以當成天花板的照明使用。由於不需要接電線，所以也能省去接線的麻煩。

我很喜歡圖中這款加上木製把手就能從盤子變身為平底鍋的「JIU（藤田金屬）」。圖中的白色雙層盒子是單身專用的超高速便當盒兼電鍋（THANKO）。這款便當盒可以拿來煮飯，然後直接開動，減少要洗的餐具。

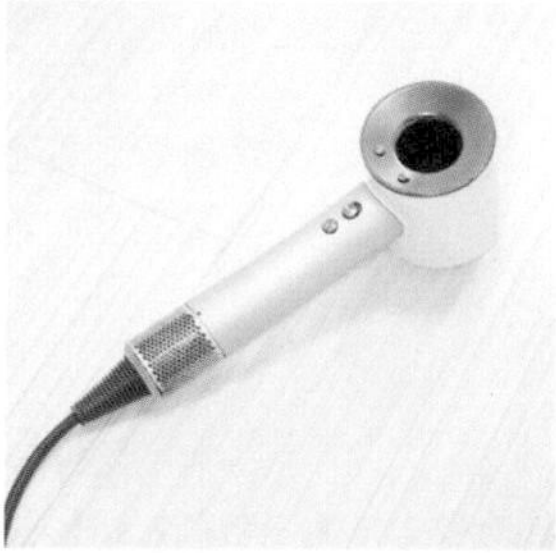

圖中是Dyson的吹風機。雖然造型很簡便，但風力很強，能快速吹出理想的髮型。

這是寢室專用的家具。我都是使用折疊式床墊與睡袋睡覺。睡袋具有「坐墊、棉被、睡袋」三種使用方式。

圖中是防災用品（左）與儲備糧食。沒有準備防災包的常見理由就是「沒有地方放」，所以防災應該要從減少東西開始做起。

所有季節的衣服加起來只有10件，每天都穿同樣的衣服！

我的衣櫃裡只有經過一再嚴選的衣服，而且全部都是黑色的。由於每天都穿一樣的衣服，所以起床之後，不需要煩惱要怎麼搭配。

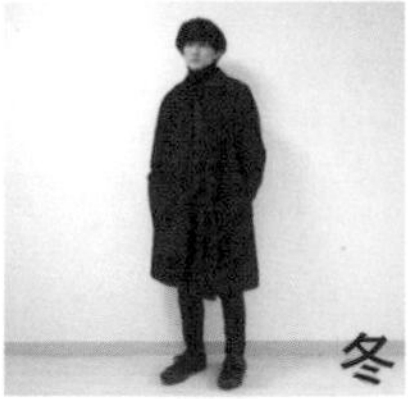

利用每季的搭配度過一年365天。每天都穿一樣的衣服，唯一不同的是在夏季的T恤外面套幾件衣服而已。

春夏秋冬各季節的衣服加起來只有10件。（T恤3件、高領毛衣2件、夾克襯衫1件、羽絨背心1件、大衣1件、窄管褲1件、兩用型短褲1件）

同款的T恤總共有3件（Hanes的Beefy T-shirts）。我喜歡的東西都會持續使用超過5年。

鞋子總共只有3雙，其中包含2雙運動鞋與一雙涼鞋（CONVERSE的ALL STAR與KEEN的涼鞋）。

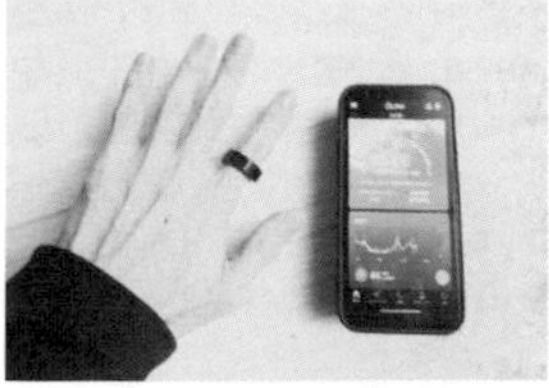

圖中是智慧戒指「OuraRing3」。這是能替代醫療用品，偵測體溫、心跳數與睡眠品質的戒指。由於會隨時與智慧型手機連線，所以能自動記錄身體狀況。

符合極簡概念的12種手機APP

Google行事曆：這是讓我放下筆記本的軟體。由於內建了行程管理的功能，所以不需要另外安裝TODO應用程式。Google行事曆會與Gmail連動，所以可以自動幫忙新增餐廳或是飛機票的預約日期。

280blocker：阻擋廣告的軟體。隱藏網路廣告就能避免看到多餘的資訊，也能更有效率地瀏覽網頁。

TORISETSU：讓說明書電子化的軟體。可用來整理各種家電或小工具的說明書。

Feedly：可用來整理部落格或網站的更新資訊，避免浪費時間從不同的網站收集資訊。

7-11 Print：可代替印表機的軟體。這個軟體可將檔案傳送到7-11的影印機，再將檔案印出來。印一張只需要10日圓，也不需要另外添購墨水。

Cam Scanner：可讓書籍電子化的軟體。捨不得丟的書籍可透過這套軟體掃描成高解析度的電子書。

少年Jump +：這是我每週訂閱的《週刊少年Jump》電子書軟體。連厚厚一本的漫畫都會因此變得輕巧。比定價便宜10元也是特色之一。

Charge SPOT：智慧型手機充電器的分享服務。可搜尋充電器分享熱點的位置，也能支付費用。

共享雨傘：這是共享雨傘的服務。全天只需要70日圓就能使用，所以就算突然下雨，也不需要去超商買雨傘，是一種既經濟又環保的選擇。使用完畢後，可在分享點歸還，所以比自己帶傘出門還方便。

共享自行車：這是福岡市、名古屋市、東京的共享自行車服務軟體。收費標準為1分鐘6日圓（有電動輔助的款式為1分鐘15日圓）。可在每個熱點租還。這項服務的方便之處在於不需要在下雨的時候替自行車罩上防雨罩，也不需要注意輪胎的狀況，算是方便實惠的服務。

Money Forward：能統一管理多種電子支付服務與銀行帳戶的軟體。

Sticky Note：可直接在主畫面顯示便利貼的軟體。用來提醒我有哪些該做的事情，而且不管想到什麼，都能立刻用這套軟體記錄。

極簡智慧型手機管理術

第1頁的主畫面

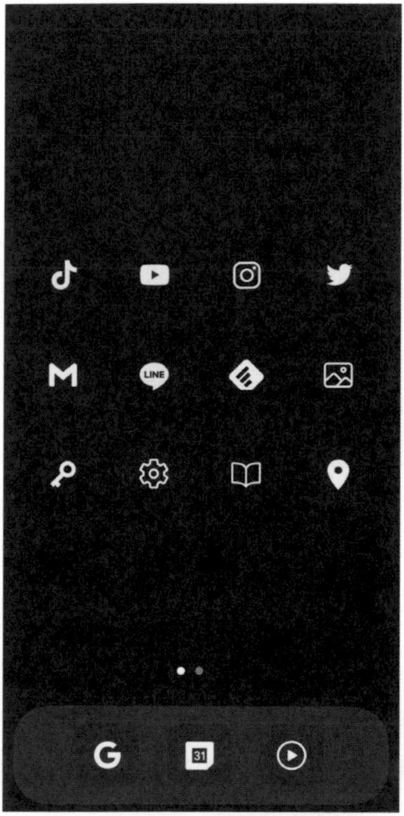

第2頁的主畫面

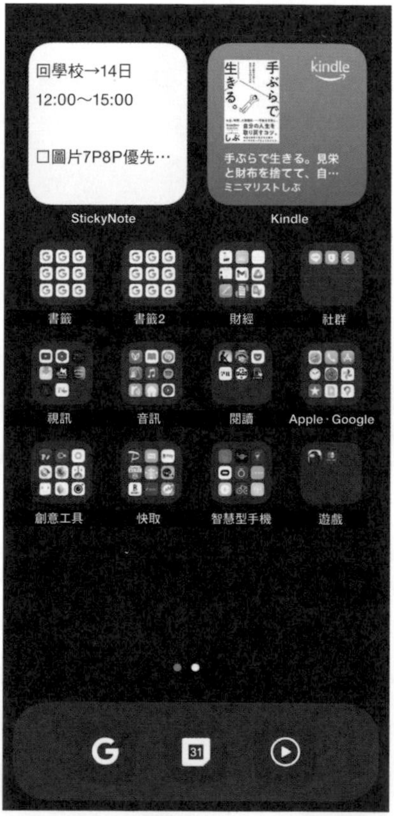

①固定在畫面下方的軟體只有3個。超過4個就很難立刻點選想用的軟體，而且也會擠滿整個空間。

②打開智慧型手機的畫面之後，就利用「Nomad iCon」將第1頁的主畫面轉換成黑白雙色的畫面。這種上下留白的版面能減少視覺上的雜訊，拇指也能按到大部分的軟體。

③第2頁的主畫面只擺不常用的軟體，而且是以資料夾分類。備忘錄或是顯示正在閱讀的書籍的小工具都放在拇指按不到的螢幕上方。隨時都可以看到備忘錄或是正在閱讀的書。

喜歡的小工具&常備道具

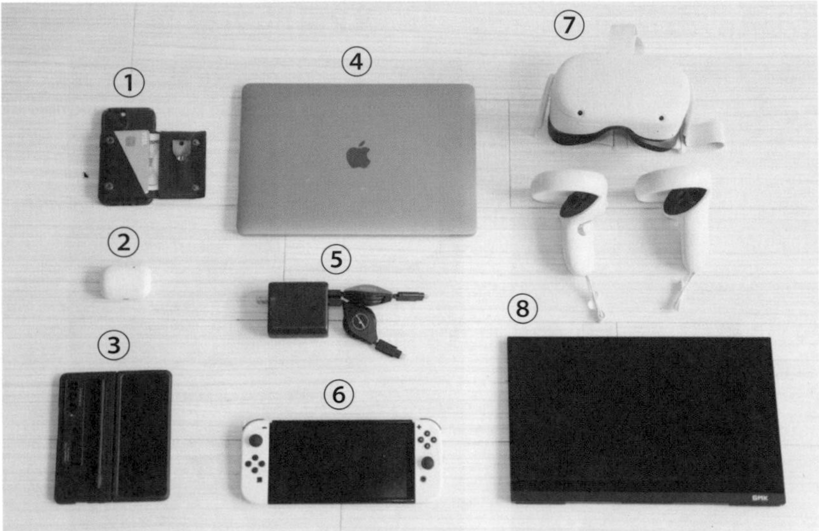

【喜歡的小工具】①iPhone 13 mini：手機殼搭配了與智慧型手機合為一體的「手機殼錢包」，所以能夠不用帶現金出門。②AirPods Pro：免去麻煩的無線耳機。降噪功能可阻絕噪音，避免心情變得煩躁。③Galaxy Z Fold3：折疊式智慧型手機。這款手機的螢幕可以對折，所以很輕巧，也能用單手操控，大螢幕也方便閱讀電子書，還能用觸控筆寫字記錄。④MacBook：工作所需的筆記型電腦。我買的機型是電池續航力超長的「M1」，所以外出時，不需要特別帶充電器。⑤Anker PowerCore III Fusion 5000：內建插頭的行動電源。只要有這個行動電源，就能隨時充電，也能當成防災工具使用。充電線都買可捲起來收納的款式。⑥Nintendo Switch：家用遊戲主機。沒有電視也能玩。⑦Meta Quest2：這是VR穿戴裝置，可在虛擬空間的辦公室工作，也能與朋友一起玩桌遊。⑧GMK：行動4K顯示器。14吋的顯示器，而且厚度只有4公釐。可與遊戲主機連線，也能用來編輯單眼相機的照片。

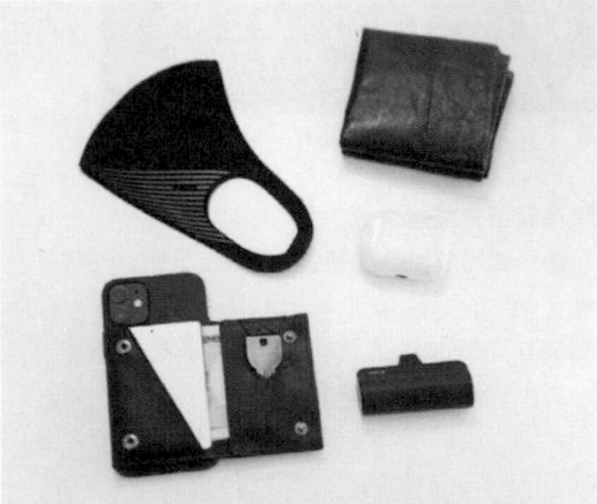

【外出時的常備道具】KATE的小臉口罩、iPhone 13 mini、手機殼錢包、能折成正方形的環保袋、AirPods Pro、口紅大小的行動電源（iWALK）。

帶著電腦出門時，會將電腦放在有很多大口袋的大衣。如果只是兩天一夜的旅行，會把內衣褲都塞在這件大衣的口袋，讓自己的雙手在旅遊的時候得以解放。

從加法開始的

極簡生活

澀谷直人的富足人生提案

教你輕鬆拋開數位焦慮

從**取捨**練習找到真正的自由

しぶ / 澀谷直人 著　許郁文 譯

前言

窮人家裡東西越來越多的理由

「連續劇的劇組為了佈置『窮困的家』，通常都會故意把整個房間塞得沒有半點空間，藉此塑造『貧窮』的感覺；而豪宅的佈景卻總是以沒有堆放任何雜物的大面積地板呈現『富裕』的感覺。」

一開頭就提「貧窮」這個字眼，其實我也覺得很不好意思，但這是連續劇的美術人員告訴我的內幕。不過，就連傳單的設計也有類似的情況：**「如果對象是高收入、高所得的人，往往會在傳單版面大量留白，藉此凸顯商品的『價值』；反之，當對象換成是一般收入的消費者，以低價為賣點的超市就常常在傳單的版面塞滿資訊，以『價錢划算』為訴求」**。

當然，也有家中堆滿東西的富翁，人生的重點也不只是擁有多少東西或是收入有多高，真正的問題在於將人分成「有錢人」與「窮人」，並且以不同方式呈現室內裝潢或是設計商品，這正是十分殘酷的事實。若是說得極端一點，可以得出

「窮人的家通常堆滿東西」這個結論。但，這又是為什麼呢？

有人認為「有錢人的房間比較大，所以東西看起來比較少」，但是在堆滿東西的桌子吃飯的家庭，應該很少是有錢人。簡單來說，就是「把不需要的東西堆在家裡，不會覺得不舒服嗎？」、「能夠禁止自己購買不需要的商品，以及避免無謂的支出嗎？」這類「心理問題」。

①購物
②金錢減少
③為了把錢賺回來而工作（＝出賣時間）
④東西不斷增加之後，就得花時間整理與找到需要的東西
⑤整理需要耗費時間與精力
⑥整個房間堆滿了雜物
⑦為了紓解壓力而回到步驟①

這種「負面循環」是諸惡之源，**我還住在老家的時候，也有上述的情況。有錢**

的時候，手邊的東西很少，當我家「宣告破產」時，東西反而增加，而且總是堆得亂七八糟。

在《獵人×獵人》*1第三十二集裡，西索對著落敗的華石門郎說：「你的敗因就是太濫用記憶體了。」。《境界觸發者》*2的東隊長也曾說：「增加大量資訊，讓對手忙得無法彼此合作，就能趁虛而入。」。既然少年漫畫的強者都這麼說，那肯定是正確的。若問我們究竟缺乏什麼？答案就是缺少「留白」。

讓我把話題拉回我的老家吧。

我是在以專業投資家為職業的父親身邊長大的。當我家很有錢的時候，身為家庭主婦的媽媽常是把家打掃得乾乾淨淨，可是當父親的投資事業因為雷曼兄弟而受挫，不得不宣告破產之後，家裡的情況就急轉直下。

明明是三百平方公尺（約九十坪）的房子，卻變成外面的庭院堆滿容器，家裡堆滿雜物的「垃圾屋」。沉迷於網路購物的父母總是以「特賣很便宜」、「可以累積大量點數」為藉口，買了一堆不需要的東西與零食，導致整個玄關堆滿了寶特瓶與紙箱。這些東西看起來很划算，但很多都放到過期不能吃，不然就是買太多而一直吃，導致自己越吃越胖。越來越無法從購物獲得滿足感的父母親只好繼續購物，心情與存款也因此一落千丈，最後也沒有心情整理這些東西。

一如「越窮，腦筋越不靈活」這句話，有許多資料也指出，每天煩惱錢的人通常會有「IQ下降10分」、「就像是熬夜一樣，智商降到只剩80％」、「壓力指數上升」的現象。

除了金錢會帶來壓力，房間的情況也會帶來壓力。假設地板堆滿了東西，就會覺得很窘迫。連走路的地方都沒有，就得耗費精力跨過雜物，也有可能會因此受傷。這就是「濫用記憶體」的現象。如果長期處在這種無法正確判斷的狀態，就會陷入「因為東西便宜而亂買」的輪迴，無法存夠整筆的資金，也就無法讓自己

＊1：《獵人×獵人》為一九九八年起連載的日本漫畫。
＊2：《境界觸發者》為二〇一三年起連載的日本漫畫。

從重視「數量」轉型為重視「質量」的人。

所以就是在手邊沒有錢或是內心感到貧乏的時候，才要致力「減少東西」，斬斷這個「負面循環」。

因此本書要提出**「放開雜物，在人生中設計一些留白」**這個觀點，也就是一步步減少冗物、減少固定支出的費用（最低生活費）、減少工作與做家事的時間，生活就能多出留白。

之後就能只為了生活所需而工作，也有時間享受興趣，過著悠然自得的舒適生活。如果想要賺取更多錢的話，也可以利用多出來的精力學一些技術，藉此提高收入。

如此一來，人生就能不再為了賺錢而出賣大量勞力與時間。

這就是我心目中「幸福的基礎」。

設計的語源是「削減」

「有太多事情要做，所以累得半死……」

「不知道想做什麼事……」

「有很多想做的事，但沒錢也沒時間……」

很常有人問我上述這些問題該怎麼解決。覺得生活很困難，不知該在茫茫人海何去何從的狀態，其實等同於在沒有羅盤的情況下，在大海裡徘徊的狀況。

要想解決這個問題，就必須趁早「設計自己的生活方式」。

大家聽到這裡的「設計」，會聯想到什麼呢？

有些人會想到設計東西，也就是「設計師」的工作，有些人可能會聯想到「造型漂亮的東西」或是「符合時尚潮流的東西」，但其實除了東西需要設計，我們一般人的「生存之道」也需要設計。

據說「設計」的英文單字「design」源自「de（削減）＋sign（表示）」，換言之，不是以加法增加裝飾。

比方說，蘋果公司生產的隨身聽iPod或是iPhone在按鍵的數量上，都比過去的產品來得少，所以能更直覺地完成操作，也因此得到很多人的喜愛。

不斷削減多餘的東西之後，真正重要的東西就越能被突顯，我們也越能找到真正需要重視的東西，人生也就不會再有「後悔」或是「痛苦」。

換言之，「設計生存之道」就是「決定不做哪些事情，免去多餘煩惱」。

以我為例：

- 我沒有汽車，只使用共享交通工具，而且通常以步行為前提。
- 上街不帶包包。盡可能雙手空空出門，藉此拓展自己的行動範圍。
- 不借錢不貸款。買東西會選擇一次付清，或使用租借服務，避免承受多餘的還款壓力。
- 讓房租或是其他的生活品質維持一定水準。比起提升生活品質，更重視空閒的時間。
- 不做家事。利用掃地機器人或是滾筒式烘洗衣機，自動完成家事。

也就是以「減少擁有」的概念為方針。

如果能夠隨遇而安，生活會變得多麼輕鬆呢？每個人都有選擇這種「隨性而生」的自由。

不過，要是在這個到處充斥著物質與資訊的時代裡，不假思索地接收社群網站的資訊或廣告，購買「別人推薦的東西」或是吸收報紙與電視傳播的「負面資訊」，就會不知不覺地告訴自己「這樣該有多好」，變得無法肯定自我。

我將手邊的東西減少到二百五十個之後，讓自己搬到二・二五坪大小，房租二萬日圓的房子，並以自由工作者不多的收入實現了嚮往的獨居生活。

我希望「獨居生活變得更充實，不想花太多精力工作」，所以將每個月的生活費壓縮到六萬日圓左右，一週也只排班三天，這讓我擁有比別人更多的時間，我也過得更加悠閒，也能持之以恆地撰寫網誌，介紹自己的興趣。最終，這個部落格也吸引了不少讀者，累積了不少人氣。

我的人生從放手開始。

「就算物質生活不充足，總是能想出辦法的！」

「就算沒錢，生活還是能過下去的！」
「生活越是精簡，反而過得越是自在！」
當我體會到這些事情，人生就變得很愜意輕鬆。
「放手」與「放空」這兩個概念已成為我的生存之道。

這是刻意讓自己學會「放下」後才明白的道理

「減少擁有就能改變人生？說得太誇張了吧？」
或許有些人會這麼想，但其實這個說法是有根據的。
因為，當手邊的東西變少——

- **金錢就會增加**：減少消費，就能擺脫黑心的長時間勞動，「工作壓力」也會降至最低，也就能戒掉衝動性消費或暴飲暴食的壞習慣。
- **時間就會增加**：「買東西＝浪費時間」，為了買東西，就必須增加工作量，而且東西越少，就越不需要花時間打掃、做家事以及維持環境整潔，也就能有更多時間享受興趣或是睡覺。

- **從空間的束縛解放**：能夠減少家裡保管東西的空間（我的房租是三萬五千日圓，所以每平方公尺的單價為一千八百四十日圓），也能搬到房租更便宜的房子，還能隨心所欲地選擇想住的地方。
- **身體與大腦都不易疲勞**：包包太重會揹得很累，所以減少要揹的東西能減少體力的消耗，行動範圍也能因此擴張，整個人會變得更有活力，維持標準體重也變得更順利。找東西與挑東西的壓力會減少，也不用煩惱東西該怎麼整理。只要能減少庫存的食物，就不用一直記得食物是不是快過期。
- **內心變得更從容**：再也不會因為「沒有那件東西怎麼辦」、「該怎麼做，才能維持現在的生活」這類問題感到不安，工作與人際關係也能接近理想狀態。

換言之，「擁有即成本」。我們為了管理冗物會浪費許多的精力，也會承受多

餘的壓力，更會因此被迫面對各種煩惱。

此外，大部分的人都覺得「生前整理」這種減少所有物的行為是高齡者的專利，但其實從十幾歲、二十幾歲就開始減少所有物更加理想，因為現在已是物質、資訊過剩，收入難以增加的時代，越是年輕，越能夠「無物一身輕」地活著，例如收入不高的社會新鮮人可以將生活費壓至最低，或是能讓自己待在隨時可以搬家的環境。

話說回來，我也不是不明白那種「害怕丟東西」的心情，或是因為擁有的東西太少而感到「莫名不安」的心情。

因為我原本也對物質很執著。過去的我曾夢想住在摩天大樓的頂樓，擁有塞滿高級音響與最新家電的房間，也曾幻想過擁有兩台車子，一台是全家能一起出遊的八人座大型車，一台是能在約會的時候，爭點面子的敞蓬跑車，然後把美女帶回家裡，在晚餐的時候，單手拿著紅酒，品嘗眼前的一切……。

若要完成這些夢想，首先得達成年收一千萬這個目標。這麼一來，就得拼了命擠進一流大學的窄門、進入大型企業工作……我過去曾因為這樣而重考兩次大學，最終還是因為考不上而踏上自由工作者這條路。

所以，我並不否定追求物質這件事。要得到想要的東西就得比別人努力，從這個過程得到的經驗應該對人生也很有幫助。我非常能夠體會「因為擁有這個才能繼續努力下去」、「每個東西都很重要」這種被物質包圍才能安心的心情，以及追求物質的想法。

我長大之後，曾經因為工作還算順利，而在二十二歲的時候創業成功，達成年收一千萬的目標（平常我是不會炫耀年收這件事，不過為了讓本書更具說服力，只好公開）。我比別人早一步滿足了物慾也是不爭的事實。

不過，那些為了讓自己安心而購買的東西，反而成為不安的來源，因為我總是會擔心自己失去這些東西，而不再是理想中的自己。所以過去的我越來越習慣靠錢解決問題，也變得只會透過數字評價自己與別人，那時的我總覺得「會賺錢的我很厲害」、「人外有人，跟年收三千萬的人比起來，我算什麼……」，最終為了維持收入而過勞。

所以我才敢如此斷言。不再透過物質感到幸福，是因為我的物慾得到滿足了，自從奉行極簡的生活型態之後，我反而得到過去求而不得的東西。我想要的東西既非眼前的物質，也不是財產，而是從容不迫的生活、擁有值得沉迷的興趣、與重要的人的相處時光。如今的我，因為這些無形而抽象的東西感到滿足。正因為管不住衝動，所以內心才會被「不滿足」與「奢求」這些慾望占據。忽視那些絆住腳步的冗物，才真的擁有無慾而悠然自得的心態。

只有減少對物質的慾望才能忠於慾望。

你是「持有派」還是「不持有派」？

一如購物能創造刺激感，減少所有物也能帶來爽快感。換言之，想減少東西的慾望，與想擁有東西的慾望，本質上是相同的，基本上都是「想解決眼前的煩惱」或是「想讓心情變好」這類想法，差別只在方式的不同，一邊是增加東西，一邊是減少東西。

舉例來說——

「你喜歡豚骨湯頭，還是醬油湯頭的拉麵？」
「你是租屋族，還是購屋族？」
「你約會的時候，是喜歡吃大餐？還是簡單就好？」

以這種輕鬆的感覺看待上述的問題也沒關係，更何況這世界也不是「非黑即白」。不過，**只有面對極端的問題，人類才會露出本性，一如當我將擁有的物品數量減至極限，反而能明確地分辨「這個不需要，那個需要」，只有先放下中庸的想法，不斷地挑戰極限，才能真的達到中庸的境界**（中庸是「不偏不倚，沒有過與不足的狀態」。也就是有兩個對立的意見存在時，不偏信一邊，同時接納雙方優點的想法）。

反過來說，「哪邊都好」或是「答案可以是A，也可以是B」這種不著邊際的意見反而沒有任何價值，因為這只是停止了思考，有選擇等於沒選擇。

不過，這世上似乎有很多人以為「自己的意見或價值觀被否定，就是人格被否定」。如今已經可透過社群網站或網路接觸各種意見與價值觀，而且這個現象正在加速擴大，所以才必須寫下各種注意事項。

本書從頭到尾都以肯定的語氣撰寫，所以可能有些人會覺得「這作者也太臭屁了吧」。一如「顧客至上」這句諺語，寫得越婉轉，越容易被大眾接受，也比較可能吸引更多讀者，但是，書是作者徹底表現自我的載體，所以沒有所謂的優劣。更重要的是，肯定或斷定的語法反而能減少字數，讓用字更加精簡。

換句話說，我不奢望每個人都同意我的想法，而且接觸正相反的價值觀，往往對人生更有幫助。如果本書能讓大家萌生「原來也有這種思考角度啊？」、「我雖然不贊成這個觀點，但日後似乎有用」這類想法，那真是無上的榮幸。

前言

目次

從加法開始的極簡生活
澀谷直人的富足人生提案，教你輕鬆拋開數位焦慮，
從取捨練習找到真正的自由

第1章 為什麼越來越多人需要極簡主義？

第2章 毫無留白將變得愚蠢

第3章 從江戶時代學習放手的訣竅

第4章

減少東西後的獲得

第5章 增與減，取決於你的個性

第6章 讓生活留白的「減法訣竅」

第7章 不增冗物的「加法訣竅」

終　章

遇見懂得留白的自己

序章

極簡主義者入門

為什麼「極簡主義者」源自「藝術家」？

大家聽過「極簡主義者」（minimalist）這個字眼嗎？這個單字的語源是「minimal（最小的）」，所以「minimalist」這個英文單字也被譯成「僅以最低限度的所有物過活的人」，這個單字也在二〇一五年被「U-CAN新語・流行語大獎」列入角逐名單。

如今這個字眼已被當成租屋條件使用，用來搜尋「適合東西極少的人居住的精緻小巧房間」，連不動產的網站都會使用「#minimalist」這個標籤，而且於二〇二一年播放的連續劇『打扮的戀愛是有理由的』，也將主角設定為極簡主義者，劇中也出現「那傢伙是不留贅物的極簡主義者喲！」、「嗯，我只想留住真正重要的東西！」這類台詞。

不過，極簡主義者一詞的起源並非「減少物品的人」，而是「藝術家」。或許大家會覺得，「創造東西」的藝術與「精簡東西」的生存之道互相矛盾，但為什麼「以極少的東西過活」的概念會源自「藝術」？

極簡主義者的語源「極簡主義」是從一九〇〇年代形成，主要源自建築、音樂、美術這類「藝術」領域，不會為了追求作品的完成度而多做裝飾，只留下最低限度的元素。換言之，「極簡藝術的專家」曾有一段時期被稱為極簡主義者。

比方說，由近代建築三大巨擘之一的米斯凡德洛所提出的標語**「Less is more（少即是多）」**，就備受極簡主義者推崇。著手建造辦公大樓的米斯總是減少各樓層的牆壁與柱子，藉此讓房間的使用方式不受限制，以及打造自由度極高的空間，而這種設計手法又稱為「通用空間」（Universal Space）。

在音樂方面，網路上的YouTube音樂頻道「THE FIRST TAKE」也以極簡手法掀起話題。整個畫面只擺一支麥克風，然後讓知名藝人在純白的錄音室以「只錄製一次」的形式演唱，《紅蓮華》（LiSA）與《貓》（DISH//）、《向夜晚奔馳而去》（夜に駆ける，YOASOBI）的播放次數都超過了一億次。這是一種徹底排除演唱之中的花架，讓呼吸的節奏與視線的移動這些「專屬音樂」的魅力無限放大的手法。

製造業也有類似的情況。例如蘋果公司的產品就以極簡設計贏得消費者青睞。為了放大iPhone手機背面蘋果標誌的存在感，而拿掉所有多餘的裝飾。換言之，**極簡主義的本質在於去除多餘的部分，藉此「強調」需要凸顯的重點。**

比方說，為什麼法國料理總是在很大的盤子放一點點料理呢？登上電視節目《情熱大陸》的杉本敬三主廚回答：「這是將大盤子當成畫布的概念喲！人們的視線往往只能聚焦於一點，所以圖案若是過於分散，這些圖案就會變成背景，讓圖案集中於一點，才能加強說服力。」。

這裡提到的「強調」不只能夠應用於設計，也能應用於生活型態。蘋果公司創辦人史蒂夫・賈伯斯是一位「每天都穿一樣衣服」的知名經營者，他總是穿著三宅一生的黑色高領毛衣、Levis的牛仔褲、New Balance的運動鞋，感覺就像是某種制服一樣。據說他每次都會訂購幾十套量身打造的訂製品，然後每天穿這些衣服。他為了花更多的時間與精力打造最棒的電腦商品，所以決定「不花時間思考穿什麼衣服」。硬要說的話，賈伯斯的這種生活方式充份反映了「為了想做的事情而決定不做什麼」的極簡美學，而這種「生活方式的設計」也反映在他的作品之中。**極簡主義者的專業在於「以極少的勞力，創造最大的成果效益」**，而這項技巧除了可在製造業應用，還能以下列這類極簡主義的觀點，思考「這些真的需要嗎？」、「停止這些行為，是不是就能得到改善呢？」這類問題，設計自己的生活方式。

- 減少東西，就能減少做家事或找東西的「麻煩」。
- 減少搬家的難度，就能隨心所欲地選擇「想居住的地點」。
- 減少東西，就能打造應付災害的空間，提升「生存率」。
- 減少浪費，就能擠出投資自己與股票的「資金」。
- 減少包包裡的東西，步伐就會變得更輕盈，也能增加日常的「運動量」。
- 減少接觸社群網站或智慧型手機這類數位裝置的時間，就能克服「資訊疲勞」。
- 打造無所事事的「放空時間」，找到想要做的事情。

「極簡主義者的定義」與「我放手的東西」

所以說到底，極簡主義者的定義是什麼？
極簡風格的室內設計師就是極簡主義者嗎？
編寫極簡曲風的作曲家就是極簡主義者嗎？
設計極簡產品的設計家就是極簡主義者嗎？

如果定義真是如此，只要秉持著極簡的想法，那麼就算手邊的東西很多，也能算是極簡主義者嗎？
應該不是這樣吧？一來「物質生活太過豐富不太好」已是現代的主流，所以擁有物不多的人，才能稱為極簡主義者吧？

其實我覺得以上皆為正確解答，而且我覺得替極簡主義者下定義沒什麼意義。
極簡主義具有「東西不多、步驟精簡、美觀」這幾種觀點，要以哪個觀點為優先是每個人的自由。

此外，就算是擁有物不多的極簡主義者（＝本書稱這種人為「物質極簡主義者」），有些人屬於「對東西沒有執著，只要堪用，就算是百元商店買來的東西也無所謂」，有些人則跟我一樣，覺得「就是因為東西不多，所以才只挑優質商品」。所有物不多這點，與喜歡所有物這點是可以並行不悖的。

此外，也有不以東西多寡為優先判斷的極簡主義者，這類極簡主義者重視的是美感，所以「只購買設計精簡的東西」，在本書稱為「藝術極簡主義者」。再者，也有盡力讓生活遠離數位產品的「數位極簡主義者」，這方面的書籍如今也很受歡迎。之所以會出現這類極簡主義者，主要是對所有事物都被濃縮在一支智慧型手機這點感到疲乏，而這就是所謂的「資訊疲勞」，相關的負面影響如今也已成為社會問題。

換言之，語言與職稱會隨著時代改變，極簡主義者這個字眼也沒有想像中單純，也有不同面向的生態系。

唯一可斷言的是，不管是哪種極簡主義者，都有自己重視的價值觀，也因此不斷地精簡其他事物，而這點絕對是無可否認的事實。

所以本書將**「為了強調重要事物而刻意精簡的人」**稱為極簡主義者，並以物質為本書的主軸，為大家介紹極簡主義的相關內容。

我根據極簡主義者的定義，列出我放手的部分東西。

- **錢包**：我將鈔票與三張信用卡放在手機殼裡面，轉型為「無現金生活」。
- **眼鏡與隱形眼鏡**：我接受ICL植入式微型鏡片手術，讓自己得以放下眼鏡。如此一來便有利於防災與減少隨身物品。
- **電視**：我改用不占空間的「嵌入式天花板投影機」看影片。
- **床**：我改用折疊式床墊睡覺。房間變得更寬敞，搬家也變得更簡單。
- **冰箱**：我每天去附近的超市「買當天需要的食材，然後當天用完」。
- **洗衣機**：使用大樓附設的投幣式自助洗衣服務。
- **紙本書與書架**：改讀電子書。電子書沒有紙質劣化的問題，還能隨時隨地用手機閱讀。
- **浴巾**：浴巾很占空間，又很難晾乾，所以改用尺寸較小的「洗臉毛巾」。
- **洗髮精**：我只以溫水洗頭髮，藉此改善頭皮發癢的問題。也不需要補充洗髮精。

以上僅作參考，充其量只是「我覺得不需要的東西」。就某些生活型態而言，床、冰箱、紙本書可能會是必需品，而且也有我後來又重新買回來使用的東西。比方說，我最近為了保存過敏的新藥而需要冰箱，所以買了「移動式迷你保冷庫」。雖然這種保冷庫幾乎無法放什麼食材，卻不占什麼空間。此外，我現在也買了「滾筒式洗脫烘洗衣機」，一開始之所以不買洗衣機，是為了「盡可能減少獨居生活的初期成本」，後來則因為「希望盡可能減少做家事的麻煩」，才買了這台洗衣機。當我搬到沒辦法擺放洗衣機的房間時，我就會把洗衣機讓給朋友。滾筒式洗衣機很受歡迎，沒兩下就能找到想要的朋友。

重點在於「**手邊只留下當下必要的量**（＝及時化，Just In Time）」。假設現在不需要，就透過Mercari（編註：以經營網路二手交易平台為主的日本網路公司）或是社群網站讓給需要的人。隨著Amazon的問世，物流的速度也變快。**終極目的就是隨著當下需求增減所有物數量，讓手邊擁有「最低數量」的物品。**

我在沒有房子、過著類似遊牧生活的時候，生活達到最精簡的狀態。由於我都住在旅館，所以手邊的所有物只需要「一卡皮箱」就能打包。如今則是租房子生活。雖然所有物多了一些，但現在算是最舒適的生活型態。

減少東西，幸福就會增加的理由

極簡主義就是刻意減少所有物的生存方式，但有些人會對極簡主義這個聽起來很時尚的名稱心存懷疑，有些人則是會覺得，真有必要減少東西嗎？

若問減少東西能創造什麼幸福，**「旅行的輕便性」**當是其中之一。

旅行的時候，每個人都是帶著一只行李箱出門，在整理得乾乾淨淨的旅館休息。在旅行的前一天，會想著該穿什麼衣服觀光，又該怎麼搭配衣服。由於能帶出門的衣服有限，所以自然而然會選擇「最喜歡的服裝搭配」。

化妝品或是常備藥品的部分也只會帶「絕對需要的種類」，而那些「不帶也無所謂」的東西就會放在家裡，而且就算真的忘記帶，也可以在當地補買應急，總之會盡可能朝正面的方向思考。如果是開車也到不了的地點，就會在當地租車，所以也沒有移動上的問題。

到了目的地之後，可以邊放空，邊休息，也能帶著好奇心在當地散散步，或是做一些休閒活動，完全不用擔心家事或是工作。外出時，可將行李托給飯店或是放在投幣式寄物櫃。旅行的時候，可以穿上出發之前配好的穿著，早上就不需要為了穿搭傷腦筋，這種輕便性、舒適性正是極簡主義者口中的「極簡即幸福」，也是一年三百六十五天都維持的感覺。

江戶時代的知名俳諧師（俳句詩人），同時也是浮世草子（文學體裁）創造者的井原西鶴也曾寫道：「懂得旅行的人才懂得輕車簡行。」。踏上旅途之後，一身的簡便正是行動力的根源，**「只帶必要的行李上路」**才算懂得旅行的真諦。增加行李本身不是一件難事，而減少行李才是聰明的選擇。

旅行的幸福也能在日常生活之中塑造。不知道是不是因為大部分的人在聽到「減少」、「簡約」、「精簡」這類字眼的時候，會立刻聯想到減法，所以覺得這些字眼與幸福無關，但其實減少東西也是獲得幸福的方法之一。

剛剛透過「旅行」這件事比擬了極簡主義者的幸福，但接下來想從科學的角度進一步探討極簡主義者的幸福。我們這些極簡主義者之所以覺得東西越少越幸福，是因為「可從『選擇的矛盾』解脫」（paradox=矛盾、悖論）。「選擇的矛盾」是指**「當身邊出現的選項越多，反而越容易感到不幸」**的心理狀態。根據美國心理學家巴里施瓦茨（Barry Schwartz）的說法，選項過多的缺點有三個——

①湧現無力感（＝做選擇變成一件辛苦的事）。
②滿足感下降（＝對自己的選擇產生懷疑或後悔）。
③過度期待（＝可比較的對象增加）。

讓我們透過例子進一步說明。假設我們在某家超市根據「選項越豐富，越能提升業績」的假設，比較了「二十四種果醬的賣場」與「六種果醬的賣場」的業績。結果發現，選項較少的賣場，也就是「只有六種果醬的賣場」，業績是果醬多達二十四種的賣場的十倍，而這個結果與先前的假設完全相反。這個現象稱為「果醬定律」，證明了選項太多會導致消費者因為「選擇障礙」而「放棄選擇與購買」。

令人眼花繚亂的選項會讓消費者產生「既然有這麼多選擇，一定能選到超美味的果醬」這種期待，但是當眼前有這麼多果醬可以選擇，消費者卻又不可能全部試吃一遍時，心中的期待就會過度膨脹，那麼就算選到美味的果醬，也不會因此而滿足。

換言之，**許多人都覺得「選項越多越好」，但就科學的角度來看，「選擇越精簡反而越好」**。

這就是極簡主義者異口同聲地主張「減少東西，人生變得更加豐富」的理由。

這不單單是減少支出、節省時間或是降低所有物成本的問題，而是當我們從選擇的矛盾解脫，思緒也將變得更加清晰。

那麼到底該減少多少東西，才能從選擇的矛盾中解脫呢？

「減到多少才足夠」的指標

簡單來說，解決選擇矛盾的方法就是**「將選項減至剩下三個」**。反之，如果選項等於甚至大於四個，就容易出現選擇障礙。不知道大家是否聽過「松竹梅理論」。這是當眼前有A、B、C三個選項的時候，中選率最高的通常是正中央的選項B，而當選項增加至四個以上時，「難以選擇」的機率就會上升的理論。

如果走進日本的餐廳，也常常可以看到只有松、竹、梅三種午餐套餐可以選擇的情況。想必大家應該都有過「不知道該買便宜一點或是貴一點的套餐，所以乾脆買不便宜、不貴的套餐」這種經驗對吧？商場也有類似的情況。「在跑業務或是做問卷的時候，將選項精簡至三個」有利於提升回答率，可見這是能於各種情況應用的技巧。如果在我們的日常生活應用這種技巧的話——

- 將使用中的包包或鞋子精簡至只剩下三款。

- 在買衣服或家具的時候，只買「白、黑、灰」這三種顏色。
- 讓假日的待辦事項精簡至「讀書」、「整理」、「去岩盤浴」這三種。

這個條列式內容之所以只有三種，也是基於同樣的理由。**重點在於「三」而不在於「四」**。在二〇一八年上映的電影《愛情是什麼》之中，曾有下列這一幕：攝影師的朋友問攝影師「你有幾種相機」，結果攝影師回答「三種」。「明明是攝影師，卻只有三種？不會太少嗎？連不是攝影師的我都有四種相機喲！」、「嗯，三種或四種的差別不大對吧？」、「三種雖然有點少，但四種就太多了！」

雖然這是不值一提的對話，卻也證明人類的認知能力有限，能夠認知與比較的範圍僅止於「三」這個數字。

一如前面提到，史蒂夫·賈伯斯為了不讓自己陷入選擇障礙，而每天穿一樣的衣服。重點在於**「減少選項」**，如果沒辦法適應突然只剩下一種選項的生活，可試著先準備三套服裝，讓選項或是物品「減至三種」就好。

接著再為大家提供一個「該減少多少」的指標。

比方說，我總共擁有二百五十個東西，其中包含年金手帳（編註：日本養老金手冊）、信用卡，和衛生紙這類消耗品，以及其他瑣碎的日用品。

或許有些人會覺得：「你剛剛不是說，為了讓生活精簡，要減少所有物的數量嗎？你擁有的東西未免太多了吧？」有些人也可能會想問：「極簡主義者口中的『最低限度的物品數量』到底是多少？」我認為：**「知道自己到底擁有多少東西，以及說得出為什麼擁有這些東西」**就是適當的所有物數量。假設你符合電影《鬥陣俱樂部》的「你所擁有的東西最終擁有了你」這句台詞所描述的情景，代表你擁有了過多的東西。

前面提到的「二百五十個」其實沒有任何意義。「為了方便搬家，只擁有能自己一個人搬上車的物品數量」、「只擁有報酬高於擁有成本的東西」是我的價值觀，而在經過精挑細選之後，最終所有物剩下了二百五十個。

重點在於，我能一一說出「擁有這二百五十個物件的理由」，甚至不在家裡也能百分之百回想：「這些東西是在哪裡買的？是誰送的？目前是收在家裡哪個位置？」，哪怕是只有一枝原子筆被偷，我也一定會發現。我沒有刻意去記我擁有哪些東西，但是當你將所有物精簡至最低數量，就算不想記住，也會自然而然記住這些事情。

有些人習慣掌握自己的身高、體重以及每個月的消費，但是能掌握自己擁有多少東西的人卻不多。既然所有物也是自己的一部分，知道得越多，思緒就越清晰。《豐田式家務分享法》（日本實務教育出版）的作者香村薰曾回答：「我家共有五人，總共擁有一千八百件東西」，連家人擁有多少東西都一清二楚這點，實在很厲害。就算不打算模仿她，也建議大家至少了解自己擁有多少東西。

在精簡所有物數量的時候，一定會遇到「要減少什麼？要留下什麼？」這個問題，所以不妨讓所有物自己說話，應該就不會發生「那東西放在哪裡？又是在哪裡買的？」這種情況。

雙手空空是貴族的排場

許多人光是聽到「減少」、「簡約」、「精簡」這類字眼，就會聯想到「貧窮（poor）」，但其實剛好相反。極簡主義是非常富足的思想。如果沒有「質重於量」的觀念，沒有在重要的事物一擲千金的魄力，以及缺乏「最糟也不過就是重買一次」的從容，是無法毅然決然地丟掉東西的。一如地位很高的人身邊，會有「幫忙拿包包的隨從」，雙手空空可說是貴族才有的排場。**能擁有，但故意放棄**可說是「強者才有的從容」。

本書的前言曾提到「窮人家裡的東西越來越多的理由」，也提到連續劇常利用「留白」這種手法。

在《多金社長小資女》這部愛情連續劇之中，小栗旬飾演了「總資產二百五十億日圓，奉行極簡主義」的多金IT社長（以史蒂夫・賈伯斯為雛型），石原聰美則飾演「東大畢業的小資女」（家裡堆了一堆東西），主要的劇情是講述這兩位主角的戀愛與創業的過程。

在劇中，IT社長的家是極為寬敞的透天厝。明明有很多地方可以擺家具，卻只擺了三個家具，一個是掃地機器人Roomba，另一個是三人座沙發，最後一個是營業級冰箱。這位多金的IT社長總是睡在沙發上，以及在地板鋪野餐墊，然後品嘗高級紅酒。家裡沒有桌子、電視或是架子這類家具。說得好聽一點，這種房間擺設非常俐落。這位社長在劇中曾說「若要我選擇我無法接受的東西，我寧可選擇不方便」；反觀小資女那總坪數三坪，只有一個客廳的房間，就被東西堆得滿滿的。

本書的開頭也提過「如果對象是高收入、高所得的人，往往會在傳單版面多植入一些留白；以平均收入的消費者為對象時，則改以增加資訊為訴求」這種手法，但是這種促銷手法為什麼有用呢？如果說得直白一點，那就是**所得越低的人，越不懂得取捨，越容易根據「划算與否」這點購物。**過去的我也是這類人。「反正東西總有一天會用壞，所以花大錢買東西是笨蛋。」、「東西是越便宜越好」，在我剛踏上極簡主義者這條路，開始放棄所有物的時候，曾有過上述想法，但其實這個想法大錯特錯，因為「再怎麼買也不會滿足」，而且「便宜沒好貨」，東西用沒多久就壞的話，只會讓自己陷入不斷購物的負面漩渦。

一如「如果買某樣東西的理由是它便宜，請不要買這樣東西；如果不買某樣東西的理由是它太昂貴，請買下這樣東西」、「能輕易到手也會輕易失去」這兩句俗語，能否感受東西的價值，原本就與價格的高低無關，而支付的金額與決心的強度呈正比。「因為便宜，所以不會捨不得丟」、「一來很便宜，二來頂多重買」這種「因為便宜」或「因為划算」而買的東西，我們往往不會太珍惜，結果就是養成亂買東西的壞習慣。也無法轉型為「質重於量」的消費模式。

我為自己訂了「不因促銷買東西」的規則。等到東西降到划算的價格再買，乍看之下是很聰明的選擇，但只要不改掉這個習慣，就無法擺脫那個「對金錢過於執著的自己」。我在暢貨中心（outlet）打工的時候發現，有不少「總之買了再說」的顧客，而這些顧客常常會在特賣的花車翻找折扣較高的商品，換言之，**他們不在乎是否真的需要該商品，只在乎「這項商品是否划算」而已。**這簡直就是在比誰比較節省，至於為什麼買這個東西？以及是否真的需要這個東西？則完全不在考慮之內。如果總是選在特賣的時候買東西，就很容易因為價格便宜而亂買，也無法精準地判斷「是否需要該商品」或是「了解該商品的價值」。

不過，我的意思不是我絕對不買那些特賣商品。如果真的需要買的商品剛好打折，或是貼上折扣標籤的即期食品，我就會購買。與其讓這些食品報廢，還不如買下來吃掉。簡單來說，一切不過是在適當的時間點購買需要的商品而已。

話說回來，大家也不用覺得「要成為極簡主義者，必須先成為有錢人」。「到底該先賺錢？還是先成為極簡主義者？」與「先有雞？還是先有蛋？」是一樣的問題，不太需要鑽牛角尖。我原本是個東西很多，手頭不太寬裕的自由工作者，但是當我開始減少所有物的數量之後，經濟方面就變得比較游刃有餘。所以越是「所有物不多的人」，越會因為東西減少而變得輕鬆，也越懂得取捨。只要踏出第一步，就能實現「有留白的生活」，這件事與有錢、沒錢，一點關係也沒有。

每月六萬日圓就能輕鬆過活的收支明細

每個人成為極簡主義者的理由不盡相同。

- 經濟寬裕，但買再多東西也無法滿足的人。
- 想逃離堆滿東西的「垃圾房間」的人。
- 因為地震或其他天災而覺得該減少東西的人。
- 嚮往極簡的空間，覺得「簡單就是美」的人。

我的追蹤者之中，有因為「ADHD（注意力不足過動症）」而去醫院就診的人。這樣的人會買好幾個相同的東西，或是藉由減少東西的方式，避免自己找不到東西，或是弄丟東西。

那麼，我成為極簡主義者的理由又是什麼？其實理由很簡單，就只是想以少少的金錢開始一個人的生活而已，也就是**「不想被金錢束縛」**。或許是因為我重考了兩次仍沒考上大學，一直住在家裡當自由工作者，所以我一直希望能早點獨立自主，而且當年才二十歲的我第一次交到女朋友，很期待「能在家裡約會，不要在外面約會」，所以才想早一點脫離原生家庭獨立生活，可惜的是，我為了償還高中的助學金而忙得焦頭爛額，完全沒辦法存錢。

所以我在Google搜尋了「一個人生活　生活費　平均」，結果發現，要在二十幾歲到三十幾歲這段期間獨立生活，大概需要十四至十五萬日圓（日本總務省「家計調查－家計收支篇－單身家庭」二〇一九年資料）。自由工作者的收入很難打平這個開支，而且還無法避免長時間的工作，每個月光是為了生活就忙得團團轉。更慘的是，獨立生活的初期費用很高，就算撇除租房押金、禮金、房仲手續費，光是購買家具就得支出二十萬日圓（來自房仲「ABLE」的資料），所謂的家具包含電視、洗衣機、床具、冰箱，如果還要添購餐具或是日常用品，隨隨便便都會超過二十萬日圓。

不過呢，我當時的想法是「既然租房押金、禮金或是房仲手續費沒得減，那麼家具的費用總可以減少吧！」。雖然手續費沒得商量，但是購物所需的費用卻是我能百分之百控制的部分。在我第一次為了獨立生活租房子的時候，找到了房租一萬九千日圓的房子。當時那間房子的大小為十六平方公尺（約四・八坪）。如果試算一下每個月的生活費，可得到下列的結果。

房租：一萬九千日圓

水費：固定是二千日圓（包在管理費之中）

瓦斯費：一千日圓（我會在健身房的大浴場洗澡。至今都只要支付八百六十九日圓的基本月費）

健身房的會費：七千七百日圓（夜間會員。包含租運動服與毛巾的費用）

電費：一千五百日圓（我沒有電視、冰箱與洗衣機，所以電費能壓在一千五日圓以下）

電信費：五千日圓（WiFi：三千四百日圓＋便宜的SIM卡：一千六百日圓）

投幣式自助洗衣費用：二千日圓（洗衣加烘乾的費用為每次四百日圓。一週一次或以上）

餐費：一萬五千日圓（我自己煮。一天吃兩餐，費用壓在五百日圓以下）

日用品的費用：一千日圓（衛生紙或是鋁箔紙這類消耗品）
訂閱費：二千日圓（「Amazon Prime」與看書看到飽的「kindle unlimited」這類付費制會員訂閱服務）
總計：五萬六千兩百日圓（＋國民健保費：每月二千日圓）

在日本，年收在一百萬日圓以下的人不需要支付「住民稅」。每月都得支付的「國民健保」也只需要二千日圓就能解決。至於「國民年金」的部分，只要申請免除，就能「第一年：全額免除」、「第二年：四分之三免除」，直到收入增加之前，都不需要支付，而且也能在收入更多之後補繳。因為新冠疫情而沒辦法繳稅的人，可試著申請免除。

只要每個月「賺得到六萬日圓」，就能在家享受吃到飽的網路，讀書也能讀到飽，而且還能去健身房運動，也能隨時去三溫暖洗澡。這真是零壓力、零負擔的生活方式。「只要減少東西，自由工作者的我也能實現獨立生活的夢想！」發現這點的我便開始減少東西。雖然一開始不知道該丟哪些東西，也不知道該怎麼減少東西，但是「想早點離家，一個人生活」的願望實在太強烈，所以就決定先減少東西再說。

你每個月至少需要多少費用才能生活呢？大家不妨先試著計算「每個月最低生活成本（極簡生活成本）」。只要能算出這些費用，就再也不會因為不知道每個月要花多少生活費而不安。我之所以能一直挑戰自由工作者或是經營公司這類不穩定的工作，全是因為我覺得「就算打回原形，重回自由工作者這條路，只要能賺到六萬日圓就死不了，而且這是一週只要工作三天就能賺到的金額」。

第1章

為什麼越來越多人需要極簡主義？

極簡主義成為工作的根據

請容我在此稍微自我介紹。我是以「極簡主義者SHIBU」之名展開活動的，我的專業是「極簡」，目前從事這項工作八年左右。「SHIBU」是我的姓「澀谷」的簡稱。

「蛤？以倡導極簡主義為職業？」

其實就連我自己也覺得這件事很不可思議。我在部落格與YouTube介紹減少東西的方法，也以極簡主義者的角度擔任「less is _jp」的服飾總監，最近也著手推出自己的數位藝術作品，如今也有幸執筆撰寫書籍……為什麼我能從事這份工作呢？正所謂「事出必有因」，任何事情的背後都一定有其理由。

極簡主義者SHIBU這個品牌之所以能夠成立，我認為是**「大部分的人都了解加法，卻沒有機會學習減法」**。我在三溫暖看電視的時候，看到「將教科書留在學校的學習方式得到認同」這個專題報導，其中被採訪的小學生說道：**「我總算學會該留什麼在學校，該帶什麼回家這件事」**、**「要帶的東西變少，去學校就變得**

很開心」，意思是，透過這種學習方式學會取捨，不再為了擁有東西而付出成本之後，上學就變得更開心了。批評這種學習方式是一種「偷懶」或是「嬌貴」也很奇怪。近年來，為了降低成本與保護環境，「無紙化」的概念十分普及，讓各個地方能夠共享資料的「雲端」也已經普及，整個社會也不斷地進化成適合極簡主義發展的溫室。為什麼極簡主義不只是所謂的流行金句，還能成為根深蒂固的價值觀呢？在此為大家介紹五個極簡主義越來越受到歡迎的理由——

- 憑一支智慧型手機就能無所不能的「風之時代」。
- 被「東西」與「病毒」扼殺的風險無所不在。
- 將「物質世界」轉型為「虛擬空間」。
- 資訊爆炸下的「數位極簡主義者」。
- 「越來越多的憂鬱症」與「想要FIRE的年輕人」。

結論就是「社會雖然變得方便，但生活還是很困難……」，接下來為大家依序說明這五個理由。

憑一支智慧型手機就能無所不能的「風之時代」

大家聽過「風之時代」這個字眼嗎?二〇二〇年之前屬於「地之時代」,不動產、房子、車子、高級手錶這類「物質上的豐足」被視為幸福的象徵,但如今已是**「風之時代」,重視的是知識、資訊這類如「風」一般,眼不能見,難以實際觸摸的東西。**請大家先看看下列的表格。

地之時代	風之時代
擁有	分享
金錢、物質	資訊、體驗、人脈
累積、囤積	循環、流動
固定、安定	移動、流動、革新
組織、公司	個人、自由工作者
性別、國別	無性別、無國界
努力、毅力	喜歡的事情、擅長的事情

如今已是一台智慧型手機在手,什麼都能完成的時代。就算不想使用現金,也能以「無現金支付」的方式結帳。在娛樂方面,CD、DVD這類影音內容早已能夠透過YouTube這類網路服務接收。

就算手邊沒有專業相機,也能利用智慧型手機拍出十分漂亮的照片,再透過社群網站與朋友分享。由於鏡頭的解析度變高,所以連QR Code這類複雜的字串與符號都能順利讀取。

另一個令人開心的事情就是「共享服務」的興起。街上越來越多「共享行動電源」、「共享雨傘」、「共享自行車」、「共享汽車」的熱點，只要讀取QR Code，就能以低於購買的價格租借上述這些東西，後續也可以在其他的熱點歸還，或是直接放在路邊，不需要跑回租借點歸還，所以租借這些東西變得比擁有這些東西來得便利許多。

拜Amazon之賜，只要按下按鍵購買，想要的商品就會在隔天送到家裡。就連吃飯這件事，Uber Eats這類「外送」服務也在疫情的推波助瀾之下浸透社會的每個角落，中國的無人機送貨服務也正如火如荼地展開。當物流的速度越來越快，物品也像是血液一般，不斷地流轉。

就連在某次接受採訪被問道：「SHIBU先生，有什麼是你絕對不會放棄的東西嗎？」的時候，我也是立刻回答「只要有手機與衣服就能活下去」。可見**智慧型手機的問世以及物流的快速發展，讓「擁有」這個概念越來越淡，整個大環境也漸漸發展成「不囤積物品也能過著舒適生活」的型態。**

被「東西」與「病毒」扼殺的風險無所不在

在新冠疫情的催化之下，「不需以物質作為媒介的科技」加速發展。

- 在遠距工作受到推崇之下，出現不需通勤與會議室的「無辦公室化現象」。
- 不再使用紙本，連蓋章都省略的「無紙化現象」。
- 酒精自動噴灑器這類「零接觸科技」。

此外，在疫情爆發初期，東京都實施了「STAY HOME週」措拖，建議民眾留在家裡打掃。為什麼會在那個時間點建議「整理居家環境」呢？因為有下列這些無法STAY HOME的原因。

- 東西多到整個房間都是東西，讓人不想待在家裡。
- 家裡沒有可活動的空間，無法在家裡健身。
- 因為一些人際關係的問題，導致在家也無法放鬆。

除此之外，日本還是「全世界屬一屬二的災難大國」。明明國土面積不足全世界百分之一，但全世界的地震卻有百分之二十左右是在日本發生，而且從海嘯、火山爆發、颱風、洪水、土石流、雪害這類天災在全世界造成的經濟損失來看，日本也占了百分之二十以上的比例（根據「令和二年版防災白皮書」）。許多極簡主義者也是「因為三一一大地震而發現減少東西的重要性」。

換言之，**減少東西，騰出留白的空間，能有效預防疫情與因應天災。**當房間變得寬敞舒適，就能避免人與人的密切接觸，還能在天災來臨時，避免被東西壓得動彈不得，也能預留放置防災用品的空間以及逃生路線（雖然現在已是不囤積物品也能生活的社會，但是以備不時之需的存糧或是防災用品卻是例外。日本人的防災用品持有率僅百分之四十三，而未準備防災用品的最大理由是「室內空間不足」）（根據株式會社untrot於二〇二一年實施的「防災意識調查問卷」）。

簡單來說，空間上的留白除了能讓心理保持健康，也能保護我們的生命。

將「物質世界」轉型為「虛擬空間」

疫情爆發之後，物質世界轉型為「虛擬空間」的速度也因此加快。都會區在國家的呼籲之下，半強迫地實施「遠距工作」。由於病毒是透過「物理性的接觸」感染，所以只能一邊減少接觸，一邊工作。

結果，報導指出許多人認為「無法回到過去的通勤模式」。在疫情爆發之前，遠距工作的普及率約莫一成，但疫情爆發之後便大幅增加。

在行銷理論所說的「跨越鴻溝理論（Crossing the chasm，一旦超過這條鴻溝，事態就會加速發展的意思）」為百分之十六，而疫情爆發之後，遠距工作的普及率超過了這條界線。這意味著**「越來越多人覺得待在虛擬空間比待在現實世界來得輕鬆自在」**的趨勢。在Facebook公司更名為「Meta」之際，掀起不小的話題。這個「Meta」源自「元宇宙（metaverse）」這個單字，而代表GAFA的企業也開始於這塊領域有所著墨。

若問現代最為人所知的虛擬空間是什麼，那當然就是遊戲。在疫情爆發之後，

Nintendo Switch的「集合啦！動物森友會」成為一大流行，許多人都在線上的「村莊」集合。「米津玄師」這類受歡迎的歌手也在生存遊戲「要塞英雄」這類遊戲舉辦現場音樂會。

當現實世界逐漸轉型為虛擬空間，虛擬道具的價值就跟著水漲船高。其實可在遊戲「要塞英雄」穿著的「虛擬服飾（這種服飾就只是單純的服飾，遊戲角色穿上之後，無法提升自身性能，而且反而變得更顯眼，更容易被狙擊）」的年度營業額已高達三十億～五十億美元（約三千四百億至五千七百億日圓），這也是「Prada」或是「Dolce&Gabbana」這類名牌望塵莫及的營業額。將「要塞英雄」形容成足以代表全世界的服飾品牌也不為過。

近年來，有不少「NFT（非同質化代幣）藝術品」這類非物質的數位畫作以數億日圓成交的新聞被報導，NIKE也以NFT發行「虛擬運動鞋」，迪士尼與三麗鷗也紛紛投入市場。擁有數位道具，裝潢虛擬空間，再利用Apple Watch或是利用在投影機的壁紙投影的方式，享受專屬自己的虛擬空間。

資訊爆炸下的「數位極簡主義者」

如今「擁有」這項概念已漸漸轉型為「應用」這項概念。讓那些占空間的東西得以「分享」或「數位化」的機制也已準備就緒。所以想在此時此刻減少東西的你，可說是何其幸運，因為再也沒有比現在更適合減少東西，舒適過活的時代了。

雖然現在的我們減少東西，也能擁有便利的生活，但卻還是擁有很多無形的東西。比方說，智慧型手機裡面的照片、工作的信件、虛擬服飾就是其中之一。由於這些東西都是數位形式的，所以不會占空間，但也因此能夠擁有無限個，也沒有保存期限的問題。放棄東西的方法的確是增加了，卻也因此出現「搬家難民」、「垃圾屋」、「資訊疲乏」這類新型的社會問題。

在這些社會問題之下應運而生的便是「數位極簡主義者」，也就是全面縮減數位生活範圍的一群人。只要你曾在網路商店瀏覽某件商品，該商品的廣告就會不斷出現。為了讓你掏錢購買商品，店家都會搜尋「你曾在何處瀏覽哪些商品」的資料，再藉著最佳化廣告刺激你的物慾（我都是利用Content Blocker這套軟體擋住無謂的廣告）。我們可透過社群網站瀏覽朋友過得多麼充實，但在看到別人那精彩的生活片段之後，我們很容易覺得自己過得很不幸。如果虛擬空間進一步普及，這問題恐怕會更加嚴重。

我們很容易得出「現實很殘酷，但網路世界很美好；網路世界很殘酷，但現實世界很美好。」這種非黑即白的結論，但其實不管是哪一派的說法，都有美好與殘酷的一面——這是電影《跳躍吧！時空少女》的導演細田守在二〇二一年發表的電影《龍與雀斑公主》中所寫的一段話，我對這段話也有強烈的共鳴。不管時代如何變遷，新科技往往會受到批判，但這些新科技到底是毒藥還是靈藥，全看當事人如何運用。

一如我透過網路了解「極簡主義」，生活因此變貌，只要能妥善運用這些新科技，這些新科技就能帶來更強烈的幸福感。不管是物質世界還是數位世界，也不管是紙張還是智慧型手機，問題不在於選擇哪一邊。**如果「無法明白什麼東西能為人生帶來幸福，不知道什麼東西可有可無」的話，那麼不管選擇的是物質世界還是數位世界，都還是會不知道自己該何去何從。**

「越來越多的憂鬱症」與「想要FIRE的年輕人」

疫情爆發之後，罹患憂鬱症的人越來越多了。相較於疫情爆發之前，日本國內的憂鬱症發病患者增加了兩倍之多，其他已開發國家也增加二至三倍左右。無力償還房貸的「新冠疫情破產」也成為熱門關鍵字。許多年輕世代與失業者陷入「經濟不穩定」的困境，也因此罹患憂鬱症，進而演變成社會問題（根據OECD「經濟合作暨發展組織」的報告）。

足以與憂鬱症增加趨勢比擬的是在年輕人之間蔚為話題的「FIRE」。這個單字的意思是「經濟獨立，提早退休（Financial Independence, Retire Early）」，但其實更有「就算在年輕的時候辭去工作，人生也很無趣」的另一層意思。

我其實很同意這個說法。正因為我擁有「極簡主義者SHIBU」這份有意義的工作，才覺得完全不工作的人生很無聊。話說回來，我也曾多次覺得工作很辛苦，「很想休息一陣子」。能在想休息的時候休息，想工作的時候工作，是最理想的生活。

姑且不論「提早退休（＝RE）」的部分是好是壞，我對「經濟獨立（＝FI）」的部分，也就是「不受金錢束縛」這個願望深表共鳴。

「別讓生殺大權落在別人手中！」

這是漫畫《鬼滅之刃》第一話的台詞。所謂的「生殺大權」就是「能隨意決定別人生死的權力」，我覺得這句台詞蘊藏著年輕人對於FIRE的嚮往。一如「過勞死」一詞在日本成為熱門關鍵字，日本的確是勞動時間屬一屬二長的國家。凍漲的年薪、層出不窮的過勞死、終身雇用制度的瓦解，造成年輕人沉重負擔的年金制度、新冠疫情造成的景氣下滑……存款越少的年輕人，越容易因為上述的問題受到傷害。

就連我自己也是為了活下去才選擇極簡主義這條路。**「想以最低的生活成本活下去」**、**「不想死咬著現在的社會不放才能活下去」**，我一直都希望自己能有這樣的選擇。就這層意義而言，「以自由工作者區區六萬日圓月薪過活」的那段經驗讓我的心理得以一直保持健康。

「減少」比「增加」更容易締造成果

在這章的最後，再次為大家整理極簡主義越來越普及的理由。

- 憑一支智慧型手機就能無所不能的「風之時代」。
- 被「東西」與「病毒」扼殺的風險無所不在。
- 將「物質世界」轉型為「虛擬空間」。
- 資訊爆炸下的「數位極簡主義者」。
- 「越來越多的憂鬱症」與「想要FIRE的年輕人」。

其實我越來越常覺得「奉行減少東西的極簡主義，身心的確變得更健康」。一來是因為在我介紹極簡主義之後，得到了許多迴響，二來是覺得，「只要經過練習，每個人都能學會減少東西的技巧」。

反之，收集一堆東西或是賺大錢這類「增加東西」的技巧，卻沒那麼容易學會。要想收集一堆東西，就必須先花大錢買一間寬敞的房子。要想增加金錢，不是

「增加收入」就是「減少支出」。

要想「增加收入」就得付出相當的努力。

以上班族為例，要想增加收入就得提升業績，獲得上司認同，才有機會升官，為此，就得取得證照，或是提升工作效率，不然就是得多跑幾間客戶，但這些事情都很耗費時間。

那麼學習「減少東西」會很難嗎？所謂的節約就只是「戒掉壞習慣」而已，例如「搬到房租便宜的房子」或是「退掉三大電信，改用便宜的電信服務」，而且丟東西也只是不斷地重複「分類」、「裝進垃圾袋」、「請人回收大型垃圾」、「賣掉、轉讓」這類單純的作業，這些事情連小學生也能輕鬆完成，完全不需要任何技術與證照，也不需要耗費數十年才能達成。

其實很少人知道，花心思「節約資源（金錢、時間、精力）」比「增加資源」來得更簡單，也更容易締造成果。

第 2 章

毫無留白將變得愚蠢

心靈沒有餘裕時，「不安」會蠢蠢欲動

本書的「前言」是以「窮人家裡的東西越來越多的理由」這個負面的話題為開頭。之所以會是這種開頭，全因「煽動不安情緒的行銷手法比較容易賺到錢」。其實電視節目或是電視新聞也有很多歧視外表，挑起自卑情緒的廣告，以及藝人的緋聞與其他的「負面報導」，贊助商的商品也得以因此暢銷，一如麻省理工大學的研究結果指出，大部分的人「在面對負面資訊的時候，反應的強度高於正面資訊七倍」。

比方說，在遇到天災或是其他緊急狀況的時候，一定會出現一堆「消費者搶購衛生紙或口罩」的新聞，新冠疫情與石油危機（一九七三年）便是其中一例。「因為不安而搶購商品」的例子其實隨處可見，但真正的問題在於「不患寡而患不均，少數人的搶購會造成資源分配不足」。

若以相田光男老師的話來說，就是「相爭不足，共享有餘」這個道理，但根本的問題在於，大部分的人「都不知道自己家裡的庫存有多少」，也不知道「需要

多少的量，才能存活幾天」，這一切都是源自無知的不安。

不安這種情緒其實是「人類為了在不斷變化的環境存活而刻在DNA的本能」，所以不安這種情緒不都是「負面」的，而且這種情緒還有助於改善狀況，但本書也一再提醒，一旦囤積了超過需求量的物品，反而會增加壓力，這也代表未能將不安的情緒導向正確的方向。減少多餘的物品，讓視野變得清明，以及正確地掌握庫存量，就不需要跟著搶購物資。

換句話說，內心失去從容，視野就會變得狹隘。前面提及的「貧窮會讓思考變得遲鈍」這句話，其實得到不少科學的佐證。《心智駕馭金錢》（克勞蒂亞・哈蒙德著）一書提到，為錢煩惱的人們常有「IQ降低十分」、「智能降至熬夜時的水準」、「皮質醇（壓力來源）比不擔心金錢的人來得高」這類傾向，所以最該放手的是「對生活的不安」。

遭到警察強制執行的「數位解毒」

內心失去從容的我，曾是何等悲慘。

我一輩子也忘不了，某天早晨七點，在老家發生的某件事。

我的父母親離婚後，我與母親、妹妹，三個人相依為命，也搬到木造的公寓生活。某天，門外突然傳來讓木板嘎嘎作響的腳步聲，以及「叮咚」的門鈴聲，我一開門，就看到三位警察站在門前。

「SHIBU先生，能跟我們回署裡，協助調查嗎？」

當我被帶上警車之後，警察便開始搜索家裡。經過一番搜索之後，警察走進我的房間，查收了筆記型電腦、智慧型手機、iPad與其他電子裝置。由於不是逮捕，只是協助辦案，所以我沒被上手銬，但我永遠忘不了母親與妹妹那嚇得鐵青的神情。

警察通常會選在早上這段在家率較高的時間突然上門，所以這類事情才會被戲稱為**「早安門鈴」**。當時我涉入的刑事案件為某件「使用網路犯案的事件」。

警察讓我具體陳述了事件的經過，說明了犯案的手段與動機。雖然聽起來很像是在替自己找理由，但當時的我，真的處在人生的谷底，有種一蹶不振的感覺，雖然這不能成為我做什麼都可以的藉口，但是當時的我正面臨父母親宣告破產，未能得到任何經濟援助，自由工作者的工作又賺不到錢的困境，而且連公立高中都是靠著助學貸款才得以上學，所以當時的我，還背著四十萬元的助學貸款。畢業之後，每一天都是過著打工還助學貸款的日子。

雖然這不是什麼光彩的事情，但我真的親身證明了**「貧窮會讓思考變得遲鈍」**這句話。當我真的做了不該做的事情之後，便一直問自己「為什麼會做這種事」，也選擇自首。或許有人會覺得「早知如此，何必當初」，但當時的我沒辦法正確地判斷狀況。

從那之後的一年半，我被警察調查了好幾次。在一坪半左右，又暗又小，正中央擺了一張小桌子的房間接受調查。沒錯，就是常在連續劇看到的那種偵訊室，在那裡接受警官的疲勞轟炸式偵訊，每次偵訊都長達三至四小時。偵訊的內容包含我重考兩次，從事自由工作者的近況，以及犯案動機。我在那裡不斷地反省，不斷地被罵與不斷地哭泣，過著每天泣不成聲的生活。

警官為了調查我的智慧型手機以及其他數位設備的資料，所有手持的電子設備全都被沒收。重考兩次大學，結果沒考上，又被警察帶走，還害得我家唯一的筆記型電腦以及行動WiFi被沒收，真的是給家人添了不少麻煩。

當手機被沒收，也沒有網路可使用之後，我便開始閒得發慌，內心的不安蠢蠢欲動。

一個半月不能上網，也不能使用LINE，害我沒辦法聯絡打工的地方，所以我只好去中古手機店買了一台當時要價八千日圓的中古iPhone。這台iPhone的電池與外觀都很老舊，動不動就會斷線，我與這台中古的智慧型手機度過了一段短暫的時光。當時我只在有免費WiFi的地方上網，以及回LINE的訊息，**被迫過著「數位解毒」的生活。**

在那段時間，我打了三份工，其中之一是銷售手機殼，其次是擔任電玩中心的工作人員，最後則是在書店站櫃台。當時的我，每週只有一天休假，但通常會被警察叫去問一整天的話。在警察局等待的時候，會在警察局的餐廳點三百日圓左右的平價定食，邊哭邊吃飯，之後再身心俱疲地回家，隔天又去打工。那段時間幾乎都是這樣。

更慘的是，從家裡去指定的警察局報到，單趟就得耗費兩小時左右。或許這也是警察的手段之一，要讓我的意志力在往返的車程之中消磨殆盡。在搭乘公車，前往警察局的時候，沒辦法上網，所以也沒辦法滑手機轉換心情，一直覺得「人生已經結束了」，整個人變得鬱鬱寡歡。我也是在那個時候才知道，**在Google的搜尋引擎輸入「好想死」，會先跳出自殺防治專線的電話。**

過了一個半月之後，偵訊總算無風無浪地結束，智慧型手機與電腦這類電子設備也回到手中，最終的結果是「不起訴」。一來是因為我未成年，二來是我自首，而且被害者也原諒了我。不過，雖然我得以無罪，也沒留下任何前科，但我還是做了不該做的事情，至今仍為這件事不斷反省。

當時領到的「收押品目錄表」除了記載智慧型手機、筆記型電腦、iPad與行動WiFi這類私人物品之外，還記載了負責偵訊的警官的姓名。

不是「努力工作」而是「減少生活的浪費」

除了「毫無留白將變得愚蠢」這種意見之外，我也很常聽到「要想成功，就得把自己逼入絕境」這種強勢的意見。這很像是故意住在生活成本較高的地方，或是故意借錢，讓自己無路可退的感覺，也就是以「背水一戰」的決心挑戰目標的意思，但我反對這種做法，因為經濟陷入窘迫的人，無法發揮創意。

「得多值一點班才付得起下個月的房租……」
「卡費壓得快喘不過氣……」
「在下個月月底之前，得生錢出來還債……」

金錢帶來的壓力是很沉重的。有時候，人際關係會因為金錢的問題而瓦解，有些人則會因為經濟問題而走上絕路，甚至有些人會因此觸法。「該上哪去找錢啊……」如果整天都煩惱這個問題，很難想到什麼嶄新的創意，也會一點一滴失去實現創意的精力。所以我敢說，人生最該先放下的就是來自金錢的煩惱，也就是「來自生活的不安」。

其實有資料指出，**比起「辭掉工作創業的人」，「一邊從事正職，一邊做副業的人」更有機會創業成功，成功的機率大概高出百分之三十三左右。**（根據《反叛，改變世界的力量：華頓商學院最啟發人心的一堂課》亞當・格蘭特著）。

換言之，首要任務就是**「賺到生活不至於斷炊的費用」**。多數的創業者都屬於「規避風險型」，蘋果公司的創辦人賈伯斯也是一邊擔任工程師一邊創業，Google的創辦人賴瑞佩吉與謝爾蓋布林也是一邊念研究所一邊創業。換言之，在某個領域冒險，在另一個領域保守，藉此分散風險，讓內心保持從容。

其實我也是一邊打工一邊寫部落格。如果只有部落格的收入，就有可能為了「錢」而亂接業配，替沒興趣的商品打廣告，寫一些不想寫的文章。這麼做或許可以賺到眼前的快錢，卻會失去讀者的信任，從長期來看，絕對是一種損失，因此，**我的建議是「減少生活的浪費，而不是努力工作」**。減少東西，選擇小房子，減少生活成本。以我為例，只要賺得到六萬日圓就能生活，所以獨立生活的門檻相對較低，反之，如果「得賺到十四萬日圓才能生活的話……」，情況恐怕就大不相同。

除了創業之外，在討論「留白」的重要性之際，有項很有趣的研究值得介紹。這是《稀缺：我們是如何陷入貧窮與忙碌的》（塞德希爾・穆來納森、埃爾德・沙菲爾著）一書的內容，在此為大家摘要。

密蘇里州的某間醫院有足夠的醫生，卻沒有足夠的手術室，所以能做的手術數量有限。醫院在當時採取了什麼解決方案呢？

①讓醫師加班，增加每個人的平均工時。
②增加手術室，讓每位醫師都能工作。

答案並非①也不是②，而是「讓一間手術室空著」的第三種選項。**自從空下一間手術室之後，能做的手術數量就增加了百分之五左右。**明明手術室減少了，為什麼能做的手術反而增加了呢？

箇中緣由如下。這間醫院的問題在於常常接收情況緊急的病患，所以被迫調整時程，無法照預定的行程工作，醫師也為了能隨時動手術，而被迫隨時待命，而行程調整之後的手術通常都會拖到深夜，所以醫師都有睡眠不足、工作效率不佳的問題。

這間醫院為了解決上述的問題，才刻意為急診病患空出一間手術室，如此一來，就不會打亂其他手術的行程，也能有效率地替急診病患動手術。過了兩年之後，這間醫院每年可動的手術多出百分之七至百分之十一。這種安排在經營學稱為「slack」，也就是「鬆弛」的意思，常有「內心的從容」之意。

「隨時都可以放棄」所以創造了一百分的結果

本書一再提到「貧窮會讓思考變得遲鈍」、「毫無留白將變得愚蠢」這兩個概念，但在此要補充說明的是，這一切都是因為「不夠放鬆」所引起的。

「過於緊繃的人」通常有視野狹隘的傾向，也看不見更有效率的方法，只能想著還有多少問題要解決，完全無法察覺這是錯誤的方法，整個人就像是在漆黑的隧道之中彷徨。

這種狀態稱為「Tunneling」，也就是陷在隧道之中，看不見外面的情況，只能將注意力放在「不足的部分」，無力顧及其他事情的狀態。

就像我家宣告破產，陷入經濟窘迫的困境之後開始亂買東西，或者像是我得到警察的「關愛」一樣。不懂得放鬆，不知道自己深陷隧道的人無法做出正常的判斷，所以人生便每況愈下，朝錯誤的方向走去，陷入所謂的「負面循環」。反過來說，要避免自己陷入隧道，就要逼自己放鬆，而方法就是「減少東西」與「決定不做哪些事情」。

這一章的最後要為大家再介紹一個與「維持內心從容」有關的實驗。賓夕法尼亞大學的論文指出，要準備開始某件事的時候，增設「什麼都不做」這個選項，才能持之以恆。比方說，在培養運動或是減重這類習慣時，除了「①在家裡運動」以及「②在健身房運動」這兩個選項之外，追加「③什麼都不做」這個選項，能讓成績提升百分之三十。

也就是說，刻意什麼都不做，反而能不知不覺地提升運動的價值，以及維持足夠的動力。反之，當選項只有兩個時，就會缺少「這麼做是正確的嗎？」的觀點，然後過沒多久就用盡所有的熱情，這與之前說明的情況是一樣的。

不管要做什麼事，都不要只懂得「全力投球」、「全心投入」，而是要保留一點能夠轉換方向的餘力。在這個變化快速的時代裡，保留彈性才能創造最佳表現。

在此為大家介紹另一個與留白、不安有關的字眼，那就是所謂的「空白恐懼症」。這個字眼在二〇一八年成為熱門話題，也被日本《大辭泉》的「新語大獎」選為第一大獎。這個單字並非正式的病名，只是個俚語，意思是對於「空白」的行程感到不安的狀態。有些人會因此故意裝忙，在行程表填滿不存在的待辦事項或工作。

若從極簡主義者的角度來看，**真的很想請這些人「多享受一點留白的趣味」**……。話說回來，我很明白這些人為什麼害怕空白，因為以前的我也有類似的恐懼，必須與一堆朋友約好行程，才會覺得自己「過得很充實」，也才不會覺得恐懼。雖然與朋友聚餐喝酒得花不少錢，但當時的我覺得，只要不會落單就無所謂。就連房間的裝潢也一樣，只要看到什麼都沒放的地板，就會覺得「這樣很浪費空間」，然後就會堆滿東西。如果我看到三層架或是衣物收納箱沒裝滿，就會一直試著買東西裝滿。

另一個與空白恐懼症相近的詞彙為「FOMO」。這是美國的流行金句，意思是「Fear Of Missing Out＝害怕錯過」。這是一種必須隨時連網，隨時查看社群媒體，或是得透過聚餐與別人建立關係的不安或恐懼感。

讓我們試著從另一個角度發揮創意吧。FOMO的反義語為「JOMO」。這是「Joy Of Missing Out＝被遺忘的喜悅」的縮寫，簡單來說，就是享受當下，找回真正的自我，也就是「享受錯過的喜悅」。

要實踐JOMO，就得知道**「放棄什麼，才能樂在其中」**。以我而言，如果不是很有趣的活動，我不會排入一週或一個月後的待辦事項。一如我不會囤積物品，我也不會累積待辦事項。這是因為對我來說，最重要的是「當下」，所以只想以「當下」為思考的起點。

就算有人邀我「下週去吃飯」或是「一個月之後去旅行」，我通常不會答應，但我反而喜歡「現在去吃飯」或是「明天去旅行」這類邀約，我也很重視這種「很有空，又很悠閒的朋友」。

創意藏在「積極與刻意的獨處」之中

多虧什麼都沒擺的地板，才能在遇到天災的時候有路可逃，寬敞的感覺也讓人覺得從容沉著。同理可證，我的行程表也預留了一些空白，避免自己太過忙碌，內心才能更加自在。

有些人或許覺得把行程塞滿才充實，但塞得滿滿的行程表是無法讓人感到充實的，因為沒有人知道自己一週後或是一個月之後的想法，甚至會隨著心情而改變當天的行程，也沒有人知道當天的身體狀況。此外，一旦答應了別人的邀約，之後若是遇到更有趣的活動，就會因為行程塞得太滿而無法參加。

這與雙手拿著東西就無法接球的情況一樣，所以只要不是太重要的事情，我通常不會排入行程。在**每個瞬間「想做的事情」都可以不同**。

工作或是活動這類重要的待辦事項當然還是會排進行程表，但是讓行程表保持空白還是比較能放寬心，所以我也以保留行程表的空白為優先。如果將**「重要的事情」與「不重要的事情」全塞進行程表，就會忙得身心俱疲。**所以我會替事情排出優先順序，然後只將真正重要的事情排進行程表。

與「不累積待辦事項」同等重要的是「放空的時間」。現代人的生活非常忙碌，每分每秒都有急著完成的事情，比方說，早上起床，離開被窩之後，要刷牙、洗臉，準時搭上捷運與前往公司，這些「必須完成的事情」塞滿了生活，也造成身心上的壓力，讓人覺得非常疲勞，所以我每週一定會安排兩天以上的時間「什麼都不做」或是「不與任何人見面，享受一個人的時光」。之所以會在日常生活安排這種「放空的時間」，是因為如此才能打造激發優質創意的體質。

其實疫情對於「無法忍受孤獨的人」非常不利。應該有不少人為了摒除外界干擾，為了預留自己一個人的時光，而重新檢視未來的生活方式。就這層意義而言，獨處的時光就像是一種獎勵。不過，每個人與生俱來的個性都不一樣，所以我無意否定那些害怕寂寞的人。本書推薦的是「積極、刻意的獨處」，身邊沒有半個朋友，找不到半個人相處的狀態也不正常。隨時都能見面，但也可以選擇不見面是非常重要的一件事。不管是讀書，還是從事某些事情，每個人在往前踏出一步的瞬間都是孤獨的。無法享受孤獨的人，無法滿足自己，也無法滿足別人。

「獨處在我們的一生之中，占有非常重要的地位，創意也只在獨處的時候湧現。藝術家為了創作，作家為了整理思緒，音樂家為了作曲，聖者為了祈禱，都必須獨處一室。」

（《來自大海的禮物》林白夫人，Anne Morrow Lindbergh）

獨處就像是「待在3B這類創意無處不在的環境」，所謂的「3B」是德國心理學家沃夫岡科勒提出的字眼。據說「過去的重大發現皆是於3B的環境之中誕生」。「3B」分別是「Bath」、「Bus」、「Bed」這三個單字的字首。

第一個「Bath」是洗澡的意思。每個人在泡澡或淋浴的時候，都會很放鬆，而在這種極為放鬆的狀態下，才能得到靈感與創意。我之所以很喜歡泡澡或是三溫暖，也是因為能夠放鬆。這時候不會帶著智慧型手機，也不會與別人對話，所以能好好地與自己相處。

第二個「Bus」則是移動的意思。有些人會在工作很煩的時候，在房間走來走去或是出門散步，而在活動身體的時候，特別容易得到靈感。此外，在搭乘電車或公車時，隨著搖晃的車廂搖擺，放空地看著於窗外不斷流逝的景色，或是上下車的乘客，會讓人變得愉悅。這也是證明人們需要旅行的絕佳例子。

第三個「Bed」則是床的意思。人類最放鬆的狀態就是躺著的時候，所以我會在枕頭旁邊放本記事本，以便在想到什麼靈感的時候，能隨時寫下來。基於上述的內容，我希望**大家都能更重視「檢視自我的時間」**。

第3章

從江戶時代學習放手的訣竅

幸福可利用「減法」創造

江戶時代有許多與極簡主義相似的文化，例如「禪」、二・二五坪這種最小的空間，以及分享的概念。所以這章要帶著大家了解從江戶時代中學習放手的秘訣。此外，有一說認為**「江戶時代，是人類史上幸福度最高的時代」**。

首先要介紹的是居住環境。據說日本人會那麼在意整潔，源自江戶庶民的「二・二五坪長屋」。在那個視全家人擠在小房間生活為理所當然的時代裡，必須妥善應用空間，全家人才有地方吃飯與睡覺。如果東西亂丟，用完的棉被也不收，生活空間就會變得很狹窄。

換句話說，狹窄的生活空間造就日本人一絲不苟的個性。日本人天生就是懂得整理的民族。日本熱門暢銷書《怦然心動的人生整理魔法》（方智出版）的作者近藤麻理惠，如今在美國也受到歡迎，除了她的暱稱「konmari」被當成「整理家務」的動詞使用，她整理家裡的過程還被拍成紀錄片，在串流平台Netflix上映。此外，「斷捨離」一詞也被翻譯成「decluttering（de=分離／cluttering=凌亂）」

這個單字。

蘋果創辦人史蒂夫・賈伯斯喜歡日本這件事也非常有名。據說他多次前往京都觀光與學習「禪」，也愛吃壽司或蕎麥麵這類「和食」。一如「禪」是由「示（表示）」與「單」所組成的漢字，化繁為簡正是禪的精髓，就連和食也是以「熬高湯」、「撈浮沫」、「用熱開水汆燙表面」這些本質為「減法」的料理手法為基礎。如果要比喻的話，和食與凸顯本質的「水彩畫」有著異曲同工之妙。

反觀西式料理是以「添加香料」、「添加葡萄酒」、「添加香草」這類以加法為主軸的料理手法為基礎，就質感而言，很像是不斷堆疊顏料，藉此呈現層次感的「油畫」。

知名調味料「味之素」的廣告文案**「和食是減法，洋食是加法」**可說是鞭辟入裡（有機會的話，可搜尋這個文案，了解一下早期的廣告）。

換言之，蘋果公司這間全世界市價總值第一名的企業是從日本的「禪」與「和食」得到產品設計的靈感。就事實而言，隨身聽「iPod」與智慧型手機「iPhone」

的按鈕的確很少，這也間接證明人類的大腦無法同時處理多種資訊，人類也是會自動避開複雜事物的生物。

我過去就住在「二・二五坪、房租二萬日圓的單房公寓大樓」。由於我的東西很少，所以不曾覺得房間很小，而那些省下來的房租可以用來支付「健身房的費用」，也能在我想要專心工作的時候，支付「咖啡廳或是個人工作空間的費用」，所以出門逛街也變得很開心。由於生活成本很低，所以我不曾為了「下個月的房租」發愁。當獨立生活的門檻降低，我便試著將原本只是寫好玩的「極簡主義者SHIBU的部落格」轉換成工作。將「減少東西，搬到小房間」的那個瞬間，形容成我的人生轉機也不為過。

此外，「*專租四疊半（二・二五坪）房間的大樓」最近似乎在東京很流行，但這個二・二五坪大小的房間可不是早期那種「沒有浴室，只有榻榻米和室且屋齡老舊」的房間，而是「車站附近、裝潢精緻時尚」的房間（有興趣的讀者可透過「EARLY AGE」或是「QUQURI」這類租屋網站搜尋專租四疊半房間的大樓）。

這些房間很少空出來，一旦空出來，就會立刻有人搶著租。為什麼會有這麼多人「想租小房間」呢？理由有很多個，其中包含東京的物價很高，租小房子可以「壓低房租」或是「能住在公司附近，避開擠滿乘客的電車」。

英國的研究指出，擠進擠滿乘客的電車，就像是「身處戰場的士兵」，承受著極大的壓力，而租小房間可讓這種壓力消失得無影無蹤。

一如漫畫《花之慶次》的對白：**「起床之後，只需要半張榻榻米的空間就能生活；睡覺的時候，也只需要一張榻榻米的空間，就算成為天下霸主，最多也只吃兩合半（三百七十五公克）的米飯」**，不管居住的空間有多大，頂多就是用來吃飯與睡覺而已。每個人能使用的空間有限，而且房子太大也很難打掃，要拿個東西也要走很遠，還很容易陷入寂寞或是引來小偷。小房子也有助於減少犯罪。

「不要只活在家裡，而要活在大街小巷之中」是一種無物一身輕的概念，如果能懂得分享，自然而然會覺得住在精緻小巧的空間也是件不錯的事情。

*：四疊半意指四個半榻榻米大的空間，約二・二五坪。

源自江戶時代的共享服務

讓我們將話題拉回江戶時代的四疊半。曾有分析指出，江戶時代的庶民雖然都住在小房子裡面，卻都覺得很幸福。之所以覺得很幸福，全是因為「江戶庶民每天都走三萬步左右」。

從現代日本人每天約走七千至八千步這點來看，江戶庶民的運動量接近現代日本人的四倍，不難窺見江戶庶民在戶外走動的運動量有多麼大。

近年來，只想宅在家已成為社會現象，因為新冠疫情被迫待在家也已是新的社會問題，而且目前已知的是，運動與日曬不足或是「持續待在同一個地方」都會對人類的身心造成極大的壓力，許多人也發現：「走出家門，積極參與活動」才是最適合人類的生活方式。

「江戶庶民之所以每天都走三萬步」，當然與汽車或大眾交通工具還不太發達有關，但更值得注意的是，江戶庶民因為能使用的空間只有四疊半，所以**「有很多事情沒辦法只在家裡完成」，生活之中的大小事也通常與整個街區息息相關，**

不管是商店街、餐廳、公共澡堂，這些商店或是與別人來往的公共場所都在自家附近。

此外，大家可聽過源自江戶時代的「損料」交易嗎？這是出租衣服之後，根據衣服的損耗程度收取租金的一門生意，而這可說是衣服的共享服務，換言之，若從歷史的角度來看，日本是共享文化根深蒂固的國家。

正因為日本早就有所謂的共享文化，所以才能透過減少東西的方法，在現代打造「不得不出門的環境」。沒有購置冰箱，所以每天都得去超市；沒有舒適的辦公桌，所以每天得去咖啡廳或共同工作空間工作。**乍看之下，做什麼都得出門這點很麻煩，卻可以戒掉長時間宅在家的壞習慣。步行雖然是很簡單的運動，卻是促進健康的基礎。**以我的祖母為例，她自從罹患了老年痴呆症之後，幾乎只能臥病在床，連去醫院都得搭計程車，但是當我扶著她，一步步走去醫院之後，她慢慢地能夠自己站著，現在還能自己用菜刀切菜，為自己煮三餐。如今已是九十歲高齡。

此外，我也覺得走路能讓我的心情變好，也比較容易得到工作上的靈感。走路的時候，大腦與全身的血液循環都會變好。最知名的例子就是蘋果公司的史蒂夫・賈伯斯以及Meta公司的馬克・祖克柏很常**「邊走邊開會」**。史丹佛大學於二〇一四年的研究指出，「走路的時候，激發創意的機率比平均值高出百分之六十。」。

話說回來，我平常也很重視「讓身體保持溫暖」這件事，很常泡澡或是洗三溫暖。只要身體保持暖和，就能忘掉負面的事情，步行也有相同的功效。在泡澡的時候，很難變得負面，而且也比較容易想到工作上的點子。

近年來，遠距工作已成為常態，「Zoom疲勞」這個字眼也因此成為熱門話題，從人類的歷史來看，長時間坐在椅子上講話的生活型態可說是非常不自然。

從狩獵採集的時代開始，人類就是得不斷地狩獵、找食物、找地方睡、不斷地移動與活動，才得以存活的生物。更何況有些民族根本沒有椅子這類道具，只能蹲在一起吃飯。

另一方面，一九八〇年代的美國曾流行「沙發馬鈴薯族」這個俚語，這個俚語的意思是「長時間躺在沙發上，吃著洋芋片，看著電視或錄影帶的胖子」。當時是錄影帶開始普及的年代，隨著數位化風潮而出現的「運動不足與肥胖」的現象也成為社會問題。

在南加州大學擔任生物學教授的大衛・A・瑞奇連教授曾指出：「就算將坐姿換成蹲姿，也無助於健康。縮短坐著的時間，每三十分鐘至一小時站起來伸展一下，或是做一點輕鬆的運動反而更有益健康。」。據說狩獵採集的時代沒有肥胖與過敏這類問題。

我也在家裡擺了張**「站立桌」**，並養成「在家裡散步」的習慣，所以很推薦大家跟著這麼做。如果覺得站得很累，也可以調低桌子坐下來。總之就是不要一直坐著，偶爾要提醒自己站起來運動一下。

隨時準備好能搬家的狀態很重要

江戶時代的庶民沒什麼家產，搬家也搬不遠，所以只要有一台兩輪的人力車，就不需要另外請搬家公司幫忙。在日本相聲「落語」的「粗忽之釘（又稱換宿）」之中，主角只要一條包袱巾就能搬家。

據說搬家業者是在第一次石油危機（一九七三年）之後才出現，因為在經濟高度成長時期，出現了許多因為調職而被迫搬家的上班族。

當家產變多、搬家的距離變遠，就很難自己搬家，而此時派上用場的就是物流業者。不過，這些業者的專業並非搬家，只是單純地載運貨物，所以也沒有打包服務。當時的鄰居通常會為了「敦親睦鄰」而幫忙鄰居打包行李或是卸貨。

物流業者除了不會幫忙打包，也不太在意客戶的家具、家電或是餐具是否會在運送過程中毀損。在意餐具破損的客戶也不多，所以當時普遍認為「有盤子破掉是理所當然的事情」。**在此想說的並不是，「要想獲得幸福，必須不斷地搬**

家」，也不是「刻意離開鄉下、搬進都會」，而是學習享受共享服務的生活，並且保持能夠隨時搬家的狀態。

我曾訪問過買了房子的人，其中最令我印象深刻的是：「因為不再搬家，所以地下室很容易堆滿東西，而且很難整理。」。我的老家也有類似的情況，除了整個家擺滿了各種櫥櫃之外，因為家裡大得可以擺放很多東西，所以買東西的時候不會考慮要放在哪裡。可是當東西越來越多，搬家就變得越來越麻煩，而且也捨不得把這些東西丟掉。福岡曾發生土石流災害，而我的老家也被波及，甚至出現漏水的問題。可是房子堆滿了辛苦賺來的東西，所以沒辦法離開，也不想放棄這些東西。明明自己的生命已受到威脅，卻為了這些東西而留在原地。

若能打造一個「隨時都能搬家」的環境，就能加快東西的汰舊換新。更重要的是，再也不會被綁在原地，承受難以估計的壓力。「無法搬家的壓力」讓我想到《輪到你了》這部連續劇。這是在二〇一九年播出的懸疑連續劇，在同類型的連續劇之中，創下了有史以來最高的收視率。在新婚夫妻貸款三千七百萬購買的大樓公寓之內發生了事件。每一集，大樓裡的某間公寓一定會發生殺人事件。

看了這部連續劇之後，我覺得「如果是我，一定很想早一點搬離這棟一堆事件與怪人的大樓，但是房貸還剩這麼多的話，恐怕沒辦法說搬就搬，所以還是無物一身輕比較好。」。我知道，拿連續劇來討論現實不太實際，但在這部連續劇之中，知道「繼續住在這裡很危險」而立刻搬家的一家人的確倖免於難，因此我不禁覺得，這部連續劇或許正隱隱諷刺著**「租房是最好的選擇。如果不是說賣就能立刻賣的經濟狀況，就不該買房。」**。

我曾在租了房子之後，在45天之內退租。之所以能說退租就退租，絕對是因為我減少了手邊的東西，讓搬家變成一件很簡單的事。這世上盡是房子因為天災而受損，讓居民不禁大罵「混蛋」這類難以接受的事情。最近「父母轉蛋」或是「上司轉蛋」這類字眼變得很流行。雖然名嘴都說「轉蛋這種說法很過分」，但是一出生就中大獎，過著優渥生活的人，是無法對「轉蛋」這個字眼有任何共鳴的。我覺得我就是個絕佳的範例。有些人就是沒辦法得到父母的照顧，有些人則是被上司欺負，最終落得過勞死的下場。

我有位朋友「在大學畢業之後，進入公司四個月就辭職」。聽說他在那間黑心企業上班時，承受了很大的壓力，所以動不動就暴飲暴食，體重當然也因此爆增，膚質也變得很糟糕。當他「滿腦子都是辭職的念頭」時，因為我的意見而決定辭職。當他明白「不緊緊抓住上班族的工作，也能擁有最低限度的生活」這點之後，便下定決心辭職，現在也過著非常充實的每一天。**害怕「生活無以為繼」而不敢辭職的人並不少見，但如果願意調降生活水準，願意讓生活更精緻簡單一些，就不需要將寶貴的人生撥出一部分賣給公司**。所以不管是東西還是固定支出都應該減少，為自己建立一個不被命運左右，能隨時重新來過的環境才會那麼重要。

因社群媒體與氾濫資訊而心神損耗的現代人

最近常有人以**「現代人一天接收的資訊量，是江戶庶民一年接收的資訊量」**這種比喻，形容現代的資訊社會。換算之下，現代人接收的資訊量是江戶庶民的三百六十五倍。江戶時代當然沒有社群媒體，也沒有網路，所以無從與陌生人比較。或許是因為現代的物質與資訊過於氾濫，所以才會出現「數位解毒」這類概念，讓人得以從令人窒息的「壓力」解放。

話說回來，資訊本身並沒有罪過。能在第一時間掌握必要的資訊，絕對是再理想不過的事，甚至能在遇到災難或是緊急時刻，成為逃生的關鍵。與別人一較高下，也能幫助自己了解自己的「優勢」，或是提升行動力。我還記得，我在念高中的時候，曾與朋友比賽成績，規定輸的人要請吃學生餐廳，那時候覺得讀書是件很快樂的事。我曾在小學六年級參加打字比賽，從二百五十位參賽者之中拿到第一名，當時的我覺得「我打字的速度比誰都快」，所以也很喜歡玩電腦，而這份自信也於現在的工作延續。

不過，過多的資訊以及過度的比較也是一種傷害。追逐每一位藝人的醜聞，或是了解掀起負面評論的行銷手法，不會讓人生有任何好轉。如果不懂「不需要多管閒事」的道理，或是不懂得提醒自己，別在別人的負面資訊浪費時間或精力這點，就很難在這個網路時代掌握幸福。我們該做的事情是，與那些願意祝福你的生活與幸福的鄰人相處。

比方說，我會在Twitter或是Instagram這類社群媒體發佈訊息，但我在兩年多前，曾經取消所有的追蹤，讓一切歸零。我原本追蹤了二百多人，但後來我覺得「在追蹤人數超過五十人之後，就沒辦法瀏覽每一則動態消息」。不過，工作上的朋友或是曾經合作過的網紅又不能不互相追蹤，否則會覺得很抱歉，也覺得只有對方追蹤我的話很失禮，總之在社群媒體上的人際關係也是一種壓力。

有些人是將社群媒體當成品牌經營，我也曾為這件事而煩惱。比方說，從追蹤者欄位可以知道「追蹤了哪些人」，或是「與哪些人的交情比較好」，而且互相追蹤也是一種「彼此認同」的文化。

這些都是社群媒體的優點，「極簡主義者SHIBU」這個品牌也是因此慢慢形成、追蹤者漸漸增加。但是被別人猜忌「跟誰的交情比較好」實在不太舒服，而且當追蹤者多到一個程度，追蹤別人就會有種「我就認同你吧！」的心態，有種高高在上的感覺。之前追蹤某個人的時候，對方傳訊息告訴我「沒想到SHIBU大大會反過來追蹤我，真是太榮幸了」，但當時的我很不習慣這種互動。

前幾天，我讀到一篇報導，其中提到「A藝人取消追蹤B藝人，這兩位藝人是不是彼此交惡」，我真的覺得這種報導很無聊。明明我就是將社群媒體當成發訊息的場域，卻因此造成人際關係的糾紛，實在是件很煩的事。

所以我才把「極簡主義者SHIBU」這個帳號的追蹤者全部取消，決定透過另一個帳號收集資訊。我建立了一個私人帳號，也利用這個私人帳號追蹤真的有興趣的人，而且讓追蹤的人數壓在50個人以內。**雖然社群媒體能快速收集資訊，但如果不先設定一條「零壓力的底線」，就會被一波又一波的資訊蹂躪，還會錯過必要的資訊。**這一切聽起來很像是只有追蹤者增加至一定程度的我，才會遇到的事情，但其實各位讀者應該也有過類似的經驗才對。

此外，我每天用來收集資訊的APP只有Twitter與Feedly這兩種。Twitter的資訊通常很新鮮，也有許多逼近現實生活的個人資訊。除了能在遇到災難的時候，提供即時的訊息，一百四十個文字的限制也很棒。正因為投稿的字數有限，所以才能吸收最精華、最濃縮、品質最好的資訊。Feedly則是能一口氣瀏覽各大部落格或網站最新資訊的軟體。只要安裝這套軟體，就能隨時閱讀最新的文章與時事報導。光是瀏覽這兩個軟體的內容，就能自動收集必要的資訊。

過去我曾透過很多種新聞APP收集資訊，但我後來發現，工具一多，就得花更多時間瀏覽收集到的資訊，所以才著手精簡這些工具。除了收集資訊的APP之外，照片編輯軟體或是行事曆軟體，我也都選擇「內建多種功能」的種類，盡可能減少接觸智慧型手機的時間。

因為受限制，所以才會想辦法

最後為大家整理江戶時代的幸福有哪些——

①幸福可透過「減法」創造
②多走路與共享
③只留住隨時都能搬家的物品數量
④不與別人比較，不多管閒事的文化

在修行佛道之際，也很推薦「時常努力坐禪，凝聚意念」的「工夫」。大家可知道「工夫」一詞的由來？據說這個單字最初寫成「人夫工手間」，意思是，每一項工作都需要不同的步驟，而這些步驟是透過人手（現代的勞工或工匠師傅）完成。換言之，工夫這個單字的本質是讓事情變得簡單、有效率，也就是「省去麻煩」的意思。

極簡主義者的「減少東西」與「工夫」可說是異曲同工。

托雷多大學的研究結果指出，**兒童若是在玩具不多的環境下長大，「會想盡辦法從一個玩具發現各種玩法，專注力也會因此提升至百分之一百零八」、「比起有十六種玩具可以玩的兒童，只有四種玩具可以玩的兒童更有創造力」**。

原來是因為受到限制，才更容易激發創意啊……我對這點深表贊同。之前介紹的Twitter也有同樣的現象。因為有一百四十個字的限制，所以資訊都非常濃縮，每個字都擁有極強的說服力。日本的俳句以及體育競賽也是一樣。俳句有「五、七、五」這種字數限制，足球則有「只能用腳運球」這種規則，所以參與其中的人們才會變得更有創意。如果是「怎麼做都可以」的規則，那麼足球或是橄欖球將沒有任何區別。

收拾雜物與室內裝潢也是以較少的東西應付各種情況，因為數量有限，所以才能打造符合極簡主義條件的房間。就這層意義而言，以較少的東西生活時，最需要的基礎技巧可說是「想像力」。為了培育這種想像力，不妨先試著從減少手邊的東西做起吧。

第 4 章

減少東西後的獲得

減少東西是「賺錢的訓練」

如果沒有養活自己一個人的經濟能力，別說是保護自己，就連重要的人或是寵物也無法保護。當我的父母親宣告破產，我便被迫過著「用錢用得很小心的生活」，也深深感受到經濟能力不足有多麼痛苦。「食、衣、住」這些生活基本需求或是「醫療」都需要花錢。說到底，金錢幾乎可解決資本主義之中各種煩惱。

聽起來或許有些口不擇言，但大部分的煩惱都與金錢有關，而且令人遺憾的是，目前還沒有代替金錢的東西，依賴金錢以外的基礎建設也緩不濟急。

不過以物易物、雲端募資、友情、追蹤者乃至於「信用」都可以變現。這社會已經變得如此美好。

然而，不管採用什麼手段，最終還是會遇到「沒時間」、「付出勞力卻得不到等價報酬」這類問題，說得直接一點，就是會被拉回「沒錢」這個現實，我也因此發現，再沒有比金錢如此單純的價值基準了。

所以，我們該如何看待「賺錢」這回事呢？

我認為的「財富自由」並非「賺大錢，過著豪奢的生活」，而是「能夠放棄多

餘的東西，過著極簡主義的生活，以及不需要大筆財富的能力」。說到底，「賺大錢」真的很辛苦。就像不是每個人都很會念書，也不是每個人都會做生意與賺錢，高學歷的人也不一定懂得做生意，反之亦然。

更何況如今是不得不自行籌措二千萬日圓退休金的時代。雖然賺錢很重要，但能夠不花錢活下去似乎更加重要。令人吃驚的是，若不懂得透過極簡主義的生活節省金錢與時間，就無法投資自己，也無法學會增加收入的技巧，反過來說，如今已是不知足就無法變得富有的時代。

更重要的是，「增加是無止盡的，減少卻是有限的」。自從有人提出年金二千萬日圓這個問題，便掀起一波「光靠薪資不夠，還得透過副業賺錢」的風潮，所以也有人提出「再怎麼節流都有限，所以要懂得開源」的意見。這意見聽起來很合理，但正因為節流與節省是有底限的，所以只能早一點開始。有資料指出，「所得越高，越喜歡使用便宜的電信服務」，懂得賺錢的人對於「浪費」這件事很敏感。明明可以減少支出，卻不以為意的人，說到底是無法增加收入的。

如果能調降生活成本，過著不太花錢的極簡生活，或許只需要年金就能生存，不需要額外的二千萬日圓，或許只要一千萬日圓或是一千五百萬日圓就能放心退休，所以本書才會建議「能以不多的資金生活之後，再試著挑戰副業即可」。在奉行資本主義的日本，繳稅繳得多的人似乎很偉大，但個人的「幸福」其實只要對食、衣、住與健康沒有太多不滿，以及減少過多的壓力就能實現，根本不需要賺大錢。

即使事實就是如此，但我仍然堅持**「減少東西，工作與做生意都會變得順利，也會自然而然地賺到錢」**。雖然不是每個人都適用，但極簡主義者的確很擅長工作，也擁有做生意的才能。這不是在胡說八道，而是有所本的，因為減少東西是一種「取捨的訓練」。

「需要的是什麼？不需要的是什麼？」
「什麼能產生利益，什麼會製造損失？」
「在有限的時間裡，該如何排定優先順序，才得創造最大的效果？」

在減少東西的過程中，許多人都會透過「Mercari」這類拍賣網站賣掉不需要的東西。Mercari這種替東西標價以及出售東西的「網路售物服務」正是做生意的所有基礎。找出需求，標上適當的價格，再於適當的季節出售。為了賣出好價錢，以及為了讓東西看起來更有價值而附上漂亮的照片以及文章；為了讓客戶滿意，盡快與客戶聯絡與發貨。買物賣物服務可說是各種商業行為的主軸。

除了工作與做生意之外，人際關係、戀愛、健康、想法以及這世上的一切，都是一連串的「取捨」所組成。快速做出決定，藉此維持這一切。吃多少才能保持健康呢？雖然我剛剛提到「有些人很會賺錢」，但只要不斷練習「放手」這個技巧，就能每個月省下幾百日圓、幾千日圓，而這份額外的收入就算不受雇他人也能自行創造。

從小地方開始的「極簡思考」

雖然前面提到「金錢很重要」，但我們也必須具備「沒錢也有辦法走下去」的適應能力。

「學會技術之後」、「賺夠錢之後」、「有時間之後」——一如準備創業的人隨時都在準備創業，大部分的人都會覺得，要開始任何一件事情，都必須具備大量的知識與器材，然而「最低限度需求」這個關鍵字能在此時派上用場。

重點在於**「從小地方開始，邊做邊學」**。我把這個稱為「極簡主義式起步概念」。一個人的生活正是所謂的「極簡主義式起步」。我的第一步是在距離老家走路五分鐘的地方，租了一間房租一萬九千日圓的單人套房。我從老家搬了一只行李箱的行李到這間房間，也只透過網路買了三個家具。

- 一套折疊式桌子與椅子（四千日圓／Amazon）
- 六折式薄床墊與棉被（床墊三千日圓、棉被三千日圓／宜得利）

・吹風機（五千日圓／Panasonic）

洗衣機的部分，我使用大樓附設的投幣式自助洗衣服務。冰箱的部分，當然是使用超市與超商的冰箱。我只從老家拿來一些衣服與電腦這類工具。白飯則是利用平底鍋或單手鍋煮，可以煮出美味的鍋巴。雖然我最後還是為了一個人的生活添購了電鍋（為了節省生活上的麻煩），但本來就是有需要的時候再添購就好，不需要一開始就買齊所有東西，總之就是先踏出獨立生活的第一步再說。

由於住在很熟悉的社區，所以不會覺得不安，而且離打工的地方不遠，徒步就能上班，要是真的發生什麼緊急事故，也可以立刻回老家求救。或許有些人會覺得「既然離老家這麼近，乾脆住在老家不就好了？」但其實獨處的時間，以及為了獨立生活而絞盡腦汁的過程與經驗是很有價值的。

「沒想到生活可以這麼簡單啊……早知道我就早點一個人生活了。」，直到現在，這份「擁有的東西不多也能活下來」的成功經驗仍是我源源不絕的行動力，而且在生活與工作上，都成為我的助力。

我連副業都是以極簡主義的方式開始。由於我是將寫好玩的「部落格」當成副業，所以每個月的固定費用只有租用伺服器的一千日圓，而且器材只需要手邊的筆記型電腦就能搞定。就連一開始拍攝YouTube影片的時候，也只是使用智慧型手機拍攝，沒購置高價的單眼相機。用手機拍攝、用手機完成最基本的剪接，再用手機上傳影片，在這個流程之下，我曾經一天上傳三部影片，而且一年上傳了四百多部影片。

除了網路創業之外，現實世界的餐飲業也有相同的現象。

大家聽過二・二坪（約七平方公尺）的迷你燒肉店「六花界」嗎？

這是在不到四疊半的空間裡，塞滿了廚房、廁所以及座位的燒肉店，主打的是「站著吃」、「與別人共用炭火」、「只用鹽調味，沒有另外的醬汁」、「沒有冰箱」、「賣不完自己吃」這類極簡式經營模式，也因此大獲成功。就算不找店面，以一日店長的形式租借營業空間，也是一種創業方法。

創業不需要借幾百萬日圓或是承擔極大的風險，而且「絕對不能失敗」這點，本身就是極大的風險。

總之先從小地方開始，先持續進行小型的實驗。不多的固定支出在此時可說是一大利基。「只要每個月賺得到六萬日圓就死不了」就像是一種精神安定劑，讓我能夠不斷地嘗試與失敗，直到成功為止。

降低起步的門檻也能減少「不想起步的藉口」，連帶可強化行動力。若要說得再精準一點，這不是在強化你的行動力，而是讓「被封印的行動力得到釋放」。

無物一身輕！隨時都能搬家的方法

自從我開始嘗試減少生活用品，過著精簡的生活之後，徹底從「以房租為藉口，而放棄各種事情的人生」解脫。「只要能顧好自己的小小一片天地」，就能得到更多機會。

有資料指出「年收入是由居住地點決定」，從美國的多個例子也可以得到「居住地點比學歷重要」這個結論。住在西雅圖這類「創新都市」的高中畢業生，比住在底特律這類「製造業地區」的大學畢業生的收入更高。話說回來，最近的「遠距工作」不太受到工作地點的限制，所以也不能不假思索地相信上述的資料，但是因為擁有太多東西而無法說搬家就搬家，實在是件非常吃虧的事。

居住地點非常重要，舉凡房租、所有物、服裝、來往的人、工作、運動量、健康狀況、思考邏輯、生活所需，成就人的一切，都是由居住地點決定。不管當事人有多麼努力，都會受到居住地點影響，所以讓每個決定都與「住在哪裡」有關，是很有價值的一件事。**只要住在很棒的地方，人生的幸福度就會如同滾雪球般，越滾越大，如果住在不對的地方，幸福度就會不斷下滑。**

這不是在說「能增加收入的場所就是時薪較高的區塊」。只要能減少生活用品，過著精簡的生活，就有機會搬到房租較低的郊區或是鄉下。房租減少形同收入增加。

前幾天，我的高中同學要搬家，我去幫他的忙。他從房租八萬日圓的東京搬到房租只要三萬七千日圓的福岡縣，然後又搬到房租只要二千五百日圓的島根縣鄉下（房租一萬七千五百日圓，再減去搬到鄉下的補助金一萬五千日圓），相較於住在東京的時候，每個月的房租整整省了七萬七千五百日圓，換算之下，等於一年多賺了七萬七千五百×十二個月＝93萬日圓。他的工作是採取遠距模式，只要能賺到房租與伙食費，生活就過得去。雖然這是很極端的例子，但人的確會因為居住地點而變得更加輕鬆。

常有人問我「該怎麼做，才能像SHIBU一樣無物一身輕啊？」如果真的想模仿我的話，第一步就是「先搬到比現在更小的家」，搬到沒辦法增加東西的環境，強迫自己減少東西。能改變人的不是意志力，而是環境。容我重申一次，請在改變環境這件事投注所有的心力。簡單來說，**即是「房子小不等於忍耐」而是「房子小就等於盡情享受重要元素」的概念。**

此外，五臟俱全的小房子除了有「房租便宜」、「能住在車站附近或熱門地點」的優點，還有大房子不具備的優勢。

①房間少、打掃輕鬆，冷氣或家電的電費也會跟著減少。
②移動變得輕鬆，隨時能拿到需要的東西，行動的門檻降低。
③如同待在小小的廁所一樣，待在小房子裡心情比較放鬆，也能迅速消除疲勞。
④朋友來家裡時，能縮短與朋友之間的距離，因為個人的絕對領域比較接近。
⑤東西會減少。由於收納的空間不足，就無法增加東西。

這麼說來，小房子不一定是壞事對吧？話說回來，「極簡主義者不一定非得住在小房子」，雖然我提到許多小房子的優點，但極簡主義者的優勢在於「可自由地選擇住處」，一如剛剛從都市搬到鄉下的例子，極簡主義也適用於搬到大房子的例子。

「先減少東西再思考要不要搬到大房子」、「在花更多錢租大房子之前，先想想能否減少東西，騰出多餘的空間」，以這類觀點減少東西，才是實際的做法。

也有在減少東西之後，反而搬進大房子的極簡主義者。想必大家都知道，疫情時代之所以被形容成「重視留白與放空的時代」，全是因為遠距工作的模式讓許多人待在家裡的時間增加不少，所以，打造一個讓自己能夠減少東西，以及「擁有隨時都能搬家的自由與經濟能力」的環境，是一項非常合理的投資。

事情都是一體兩面的，小房子與大房子都有其優缺點，這世上的一切也都有其利弊與折衝的部分，所以希望大家能擁有從「小」、「少」、「無」這些詞彙找出優勢的觀點。

「房間是反映內心的鏡子」是真的嗎？

失戀的人蜷縮在棉被裡的場景，或是長期宅在家，一蹶不振的場景，房間一定是亂七八糟。有研究指出**「住在凌亂的房間有害心理健康，整理房間能有效改善憂鬱症或是精神疾病」**，而這個研究也建議請人幫忙打掃，或是在生病的時候，保持房間整潔。換言之，髒亂的房間會讓人變得憂鬱，乾淨整潔的房間能讓心情變得開朗。「房間是反映內心的鏡子」這句話的確是真的。

話說回來，雖然我減少了生活用品，但在我失去愛犬、感染流行性感冒、失戀，或是其他走投無路的時候，房間也是亂七八糟的。

所以我為了維持心理健康，會刻意「①在難過的時候整理房間」、「②減少東西，避免房間變得髒亂」、「③降低打掃的難度，以便房間變得髒亂的時候，能夠立刻回復原狀」。

「整理房間好像能減少東西，但實在沒心情整理」、「搬不動太重的東西」……每當有人這麼告訴我時，我都會跟對方說「先從丟垃圾開始」。

或許有人會覺得「你是把我當笨蛋嗎？」，但我真的不是在開玩笑，**因為很多人在丟東西之前，連垃圾都沒丟。桌子上擺著吃完的洋芋片包裝袋，地板到處都是東西，房間堆滿了垃圾卻視而不見。**在這樣的心理狀態之下，連絕對該丟的垃圾都丟不了，更遑論挑出不需要的物品。

和尚的一天從早上丟垃圾開始。先打掃寺廟周邊，在整潔的狀態下迎接全新的一天。我早上起床的第一件事也是先打掃，不過我覺得自己掃很麻煩，所以也只是啟動掃地機器人而已，但光是這樣就能讓房間變得乾淨，一整天也能從好心情開始。

為什麼房間髒亂會讓內心生病？答案是因為每件東西都有自己的資訊。當我們看到東西散亂一地，會覺得很不耐煩與疲憊，也無法集中注意力。熱門動畫電影《你的名字》的導演新海誠曾在廣播節目提到「下雨時的資訊量很大」，我也非常認同這個說法。

一旦開始下雨，就會聽到「沙沙」的下雨聲，水窪會泛起陣陣漣漪，塑膠材質的雨傘傘面會出現無數的雨滴，而這些都會成為周遭風景的一部分。如果被雨淋濕的話，還會覺得襪子濕濕的很不舒服。相較於晴天，雨天的資訊量更多，心情也更容易變得灰暗。反之，如果心愛的家人或戀人待在身邊，內心就是開朗的，也不會在意是否下雨。打掃房間或是被喜歡的東西圍繞也是同樣的道理。

除了整理與打掃房間之外，泡澡、活動身體這些促進血液循環的事情都能消除負面情緒，有條不紊的空間也能讓心情變好。雖然在做這些事情之前會覺得很麻煩，但我從來沒有在做完之後覺得後悔。越是遇到挫折與難過的時候，越是應該逼自己做這些事。

此外，雖然這與心理健康無關，但其實減少東西也能幫助減重。「不可能吧？東西的多寡居然跟體重有關？」希望大家不要有這種成見。

有研究指出**「包包越重，意志力越容易被摧毀，越容易亂買東西」**。就算沒有這些科學證據，各位應該對這句話有共鳴才對。自從我開始減少東西，哪怕是一枝筆或是一個OK繃，我都會認真思考「有沒有必要花心思帶這些東西出門」。多帶東西會浪費體力，也會亂買東西吃，再也沒有比這更浪費的事情了。減少包包裡面的冗物，腳步將變得更輕盈，運動量也會跟著增加。

除了包包之外，也要減少房間裡面的東西。要想減重，就得長期「避開會讓人變胖的食物」以及「吃太多」，但多數人的減重都以失敗告終。這是為什麼？總括來說，胖子通常都待在「容易變胖的環境」。房間的所見之處都是零食、包包很重，外出困難、待在黑心職場……因為這些誘惑與壓力而變得暴飲暴食。只要減少東西，體重就會跟著減少。這說法絕對不誇張，而且兩者還息息相關。

極簡主義者壓倒性的「生存力」

「一打開家門，發現地板大淹水……」

我永遠忘不了二〇二〇年十一月，深夜一點發生的這件事。我打開家門，發現地板都是水。當時是因為連日的大雨導致樓上的水管破裂，讓我家的天花板開始漏水，那真的是非常悲慘的狀況。

我急忙將貴重物品塞進包包，然後帶著放在玄關的防災用品逃到旅館住了幾天。可喜的是，我東西不多，損失也降至最低，這真是不幸中的大幸。物產管理公司也說「比起其他的房客，您的東西少很多，賠償的金額也很低，真的非常感謝您」，我自己也沒多久就恢復了原本的生活。

一如第一章所述，日本是全世界屬一屬二的災難大國，但在「是否準備了防災用品？」的調查（株式會社untrot於二〇二一年實施的「防災意識調查問卷」）之中，回答「沒準備」的人高達百分之五十七，其中最多的理由就是**「很少發生災**

害，所以沒有預留放置防災用品的空間」。明明日本是全世界屈指可數的災難大國，防災意識卻如此不足。由於日本是蕞爾小島，地價自然高居不下，所以我也明白「特別為了防災用品騰出空間，實在很可惜」的想法。

其實在成為極簡主義者之前，我也沒準備任何防災用品。一來是因為被每天的工作與生活壓得喘不過氣，二來是沒錢、沒時間準備，等到我把日常用品減少至一定的數量之後，如今我已經有心思準備五天份的飲用水、食糧、收音機、手電筒以及其他防災用品，也能在玄關騰出擺放這些防災用品的空間。正因為在減少東西的過程之中，認真地看待每一件物品，所以才會那麼想要準備能在存亡之際保護自己性命的東西。

光是減少多餘的東西也能確保通暢的逃生通道，以及減少被東西絆倒的風險。如果行有餘力，也可以慢慢地備齊防災用品。一如「失去健康，才知道健康的可貴」這句話，等到真的失去了什麼，一切便為時已晚。建議大家從做得到的事情開始做。

既然提到了防災的事情，便順便介紹我準備了哪些防災用品——

- 玄關的大門吊著「MINIM＋AID」的筒狀防災用品。裡面放著「附帶發電機的收音機」、「口哨」、「雨具」、「裝藥物的小盒子」。一旦發生緊急事故，我會「第一優先」帶著這個包包逃生。
- 玄關大門旁邊放著「專門用來儲存備糧的背包與常用工具」。包包裡面放了五天份的飲用水與乾糧。如果在發生災難之後，還有一點時間的話，我會「第二優先」帶著這個包包逃生。
- 備糧的部分是以「汰舊換新」的方式，隨時準備五天份的糧食。寶特瓶的食用期限我是利用「Google行事曆」的提醒功能提醒。

在災難大國的日本生活，就必須隨時準備「適量」的備糧，因為準備太多備糧或是東西，反而會喪命。一旦發生地震，東西會掉得亂七八糟，也很難整理，更何況我們還有可能會被這些東西壓住。準備太多備糧會讓包包變得很大，也就沒辦法在逃生路線的「玄關」附近騰出擺設這個包包的空間，遇到緊急事故的時候，恐怕也會重得拿不動，食物也有可能會過期，所以不管是備糧還是家具，重點在於「符合最低限度的需求＝適量」。我的第一優先防災用品「MINIM＋AID」就「沒放任何備糧」。以糧食充足的日本而言，「帶著食物逃生」不是那麼重要的事情。最重要的是「保住生命」。就連軍隊也教我們「沒空氣只能活三分鐘，沒水可以活三天，沒食物可以活三週」，而且要想順利逃生，「無物一身輕」是最重要的關鍵。

因此，我想推薦大家採用「Rolling Stock」這種準備乾糧的方法。簡單來說，就是**在平日多準備一些食材或是加工品，然後吃掉一個就補一個，讓糧食隨時維持一定數量的方法。**只要在平日邊消費，邊補充食物，就不用擔心食物過期的問題。自從我沒在家裡擺冰箱之後，就隨時備有高蛋白粉或是鯖魚罐頭。

這些食材會在自己煮飯的時候使用，也能在遇到災難的時候，當成備糧使用，可說是一石二鳥的妙計。我通常會準備五個鯖魚罐頭，然後吃掉一個補充一個，避免有一天吃光。瓶裝水也預留了五天份。建議大家根據家庭人口算出「存活三至五天所需的備糧」。

叫一台計程車就能搬家

自從東西減少之後，我有兩次只需要一台計程車就能搬家的經驗。當時只需要二十分鐘就能打包全部家當，搬家的費用只有計程車費的一千九百日圓左右。單身者在縣內搬家的平均費用大約是五萬日圓，所以我等於只花了行情的二十五分之一的價錢。

「為了好幾年才一次的搬家減少東西，有什麼意義嗎……？」如果大家是這麼想的話，那可就大錯特錯了。要「長期住在同一個地方」其實是件很困難的事，而以此為規劃生涯的前提，更是件風險極高的事。

其實我也有過「想一直住下去」的房子。過去住的四疊半房子只需要二萬日圓的房租就能租得起，地點與隔間也無可挑剔，完全可說是絕佳物件，所以我也覺得那間房子真的很棒，可惜的是，才住沒一年半，就發生了難以預料的事。「這棟大樓要準備拆除，我們會負擔搬家的費用，請在半年之內退房」，因為上述都市開發的緣故，我被迫搬出那間房子。那時的我才真的體會到所謂的「諸行無常」，這世上沒有東西是不變的。

反之，也有「住了才知道有點問題的房子」，也就是踩到所謂的「租屋地雷」——住了一陣子之後才發現「附近搬來很不妙的鄰居」、「離上班地點太遠，通勤時間太長，很不方便」、「隔壁施工，噪音不絕於耳」這類問題，不得不在租了四十五天之後匆匆退租。雖然我覺得「搬來這裡也是花了一筆錢啊……」但最後還是立刻決定退租。如果繼續住下去，恐怕每天都得活在高壓的環境之中，承受莫大的壓力。

一如每年春天的三至四月，電視新聞都會不斷提到「搬家難民」這個標題，搬家早已成為一種社會問題，比方說，要搬家的人通常會遇到「單身人士搬家，需要準備五十萬日圓」、「找不到能配合時間的搬家業者」這類問題。為了不那麼受限於業者，必須**「讓家當減少到能自己搬家的程度，也盡可能購買體積較小，或是方便折疊的家具，才能搬上車子」**。利用計程車搬家固然是很極端的例子，但只要能稍微減少行李，就能選擇「以一台卡車搬家」的平價方案，搬家的時間安排也比較有彈性。

從取捨中琢磨而成的「美感」

「衣服越多，越挑不到衣服對吧！」

這是衣服多到不知道該怎麼選擇的朋友跟我說的一句話。他的衣櫃塞滿了衣服，卻沒有一件能穿。聽起來很矛盾，但我也曾在衣服很多的時候，有過相同的煩惱，因為不斷地購買當季的新裝，意味著得不斷地追逐流行，也會在不知道適不適合自己的情況下亂買衣服，最後變得不知道該穿哪件才好。

反過來說，**要想透過區區幾件衣服應付各種場合，就得找出「先發陣容」的衣服**。哪怕千百個不願意，也得認真檢視自己的「體型」或是「價值觀」，才能在精挑細選之下，找到真正適合自己的衣服。

在挑選服裝方面，我非常認同偶像團隊「HKT48」、「IZ*ONE」的宮脇咲良的看法。他曾說「衣服的功能不是遮醜，而是凸顯優點。我希望能穿上凸顯身材優勢的衣服，開心地過生活」、「我總算能挑戰強調身體線條的服裝」、「挑選這類服飾，會讓我覺得今天的自己很不錯，會讓自己充滿活力」。若問我的時尚美學是什麼，大致就是下列這幾點——

- 為了凸顯白皙的肌膚而「全身穿黑色的服裝」。
- 為了凸顯修長的體型，選擇緊身的服飾。
- 因為怕麻煩，所以選擇丟進烘衣機，也不會起皺褶的衣服材質。

一開始當然挑不到適當的服飾。「這件好像很適合」、「那件好像不太合適」，我不知道挑錯了幾次衣服。直到擁有現在的美感之前，我試過很多衣服，也放棄了很多衣服，更重要的是，我以「極簡主義者SHIBU」之名「宣傳減物魅力」這份工作已達八年之久，卻沒想過我居然有機會創立品牌，著手設計服飾等產品。

我不是為了趕流行或是對設計有興趣才開始減少東西的，我純粹只是覺得，東西越少，生活就越有效率，也越有機會實現一個人的生活。動機非常的單純，就只是追求生活的效率，沒有其他的雜念。不過，**我的「美感」或許就是在不斷減少東西與不斷取捨的過程中慢慢形成的，這真是令人始料未及的副產品。**

室內裝潢也有相同的情況。極簡主義者的房間很像是美術館或藝廊，在充滿留白的空間裡，放著「少數的極品」。比起過多的裝飾，少而精簡的擺設更能凸顯個性。將美麗的東西放在充滿留白的空間裡，這些東西將顯得更加有魅力，若是改放不起眼的東西，反而會顯得很寒酸，因為東西越少，越沒辦法矇混過關。

聽到這裡，有些人可能會覺得「要挑出好東西要有好眼光，但我沒有好眼光……」而打退堂鼓，不過，只要奉行極簡主義者口中的「以最低限度的東西生活」，身邊自然而然就會充滿嚴選的精品。

減少東西，讓房間多幾分留白，房間就會顯得乾淨整潔，也比髒亂不堪的房間美觀好幾倍。

一如前面提過極簡主義源自「藝術」，**所謂的「減少東西就是一種藝術」，因為不管是時尚服飾還是室內裝潢，任何東西都有所謂的「機能美」**。所謂的「機能美」就是排除多餘的裝飾，追求沒有絲毫多餘的形態或構造，凸顯本質的設計。

以寶特瓶為例，寶特瓶的瓶身有方便消費者握持的「腰身」，還有能確保密封，拉長保存期限的瓶蓋，以及方便扭開這個瓶蓋的螺紋。此外，還有方便消費者飲用的小瓶口，以及方便攜帶、輕盈堅固的塑膠瓶身。由於素材是透明的，消費者也能輕鬆分辨內容物。

近年來，環保意識不斷高漲，強調「減少標籤」（Labelless）的寶特瓶也越來越多。一來是因為透明的瓶身方便確認內容物，不太需要透過標籤說明，二來是因為飲料的名稱或是原料，只需要寫在小張的貼紙即可。設計總是會隨著社會情勢或時代而改變，而這種寶特瓶的設計可說是沒有絲毫的累贅，這也是「機能」與「美」達到平衡的狀態，「機能」與「美」也不會是對立的關係。

成為極簡主義者，不斷減少東西之後，便會根據生活型態與房間挑選具備「機能性」的東西。挑選顏色與素材一致的東西，就能讓自己的身邊充滿「美麗的設計」。我覺得**所謂的取捨，其實就是設計**。

第 5 章

增與減，取決於你的個性

練習放手，是不斷「了解自己」的過程

東西減少得越多，越能夠從留下來的東西了解「自己喜歡什麼」、「擅長什麼」，也會越來越明白自己的價值觀，同時我也覺得，不了解自己就會無端消耗自己的精力。

自己會因為去到什麼地方、身邊有哪些東西、與哪些人來往而感到雀躍呢？越明白這些，就越不想增加額外的選項。

接下來要為大家介紹「丟掉一年內沒用過的東西」以及「丟掉用途重複的東西」這類實用的技巧，但在正式介紹之前，有件事要先說。

那就是——**「最終會留下哪些東西，與每個人與生俱來的個性有關」**。

就算「該怎麼丟」這個部分相同，「最後會留下哪些東西」卻是因人而異，每位極簡主義者留在身邊的東西也都不同，而且能從這些東西看出各位極簡主義者的個性。

本書的概念是「先決定不做的事，再規劃生活方式」，但有些人「不知道自己

不想做什麼」或是「無法決定自己不想做什麼」，所以建議大家**想想自己屬於「內向型」還是「外向型」**。

比方說，我之所以喜歡徹底減少東西之後，空蕩蕩的空間，是因為我自己是「超內向型」的類型。減少東西能讓我擁有「低刺激的生活」，而且買東西的時候，我通常都買「不會太麻煩，或是能減少體力消耗的東西」，例如具有降噪功能的耳機就是其中一種。我使用這款耳機的時候，常常只是為了阻絕街上的噪音，而不是要聽音樂。此外，能幫我完成家事的滾筒式洗衣機與掃地機器人也是其中一例。

換言之，**「先了解自己的個性、才能與優勢」再著手增減東西，就能省時省力**，也會更知道自己想要留下哪些東西。比方說，我有下列這些傾向。

【覺得疲勞&不擅長的事情】

- 與一堆人擠在一起或是行程排太滿就會覺得很累。
- 聚餐結束後，會有莫名的疲累感，隔天只想一個人躲在家裡。

- 覺得應付（平日的）街上的噪音、光線很耗體力。
- 不管在家裡還是在外面，都覺得東西多到爆炸的感覺很不舒服。

【喜歡的事情&擅長的事情】

- 比起一堆人參加的聚餐，更能打從心底享受三個人左右的聚餐。
- 喜歡待在極度精簡，東西很少的空間。
- 覺得一個人讀書、想事情的獨處時光很幸福。

「內向型？外向型？綜合型？」你是否了解自己屬於哪個類型呢？精神分析博士瑪蒂・蘭妮所著的《內向心理學：享受一個人的空間，安靜地發揮影響力，內向者也能在外向的世界嶄露鋒芒！》（漫遊者文化出版）提到，這世界上有百分之七十五的人屬於活潑的「外向型」，剩下的百分之二十五是不習慣與一群人相處，常常鑽牛角尖想太多的「內向型」。

這裡所說的「型」是指與生俱來的思維，想要成為另一種類型的人可說是難上加難。

換言之，我們只能接受天生的特質，再盡力發揮這些特質。在《內向心理學：享受一個人的空間，安靜地發揮影響力，內向者也能在外向的世界嶄露鋒芒！》一書中列出了三十個「自我審視」的項目，幫助讀者了解自己屬於哪一種類型，我符合了二十八個項目，屬於「完全內向型」的人，所以我也因此明白，為什麼我有時會莫名覺得不適應或是疲累。

就算不進行上述的自我審視，大部分的人應該都能憑直覺知道自己屬於哪種類型。簡單來說，**內向型的人「喜歡獨處」、「不擅長與一大堆人相處」**。反觀外向型的人就喜歡跟一大群人混在一起，屬於喜歡「參加一堆人的聚餐、音樂祭，喜歡熱鬧」、「四處旅行或是逛逛，也不會覺得辛苦」的類型。

先決定不做的事情，培養減少耗能的習慣

請大家稍微想像一下，如果擅長社交的外向型的人被關在房間幾個小時，禁止與別人接觸，以及被迫進行一些例行公事，這些公事會有所進展嗎？反之，如果喜歡安靜、獨處的內向型的人，被叫去跑業務、談判或是進行需要面對別人的工作，能創造令人驚豔的成果嗎？雖然這兩個例子很極端，但答案應該都是「很難」對吧！

說得再精準一點，只占整體百分之二十五的「內向型」的人，才會因為「面對別人很麻煩」而無所適從。

因為我們的社會很重視「積極」與「溝通能力」。大家試想一下面試以及職場的情況，應該就不難了解我在說什麼。雖然現在已經有「個人卡拉OK」或是「個人燒肉專賣店」，但許多生意還是以服務「家庭客」或「團隊客」為前提。

所以為了擁護我與其他「內向型」的人，請容我再介紹一些更深入的內容。**其實內向型的人比外向型更容易分泌多巴胺這種腦內物質，也「更容易受到刺**

激」，而這些事情也已得到證實。也就是說，內向型的人比較敏感，也很容易覺得「疲累」。

所以若不先了解自己屬於何種類型，就會被充斥在日常生活的資訊消耗精力，「莫名地覺得自己失去活力」，所以「先決定不做的事情，培養減少耗能的習慣」才顯得重要。

正因為這是與生俱來的特質，所以無法透過後天的努力彌補或調整。只有徹底了解自己，發揮自己的強項，才是最理想的方法。一如日文的放棄（諦める）的語源是釐清（明らめる），佛教的世界早已告訴我們這個道理，我們該做的不是忍耐或放棄，而是面對事實，接受自我。越了解自己的價值觀，越能覺得「無關痛癢的事情」一點都不重要，也就能斷然放下那些事情，告訴自己「為了達成○○的目標，不做這些事情也沒關係」以及不再為了那些事情白費力氣。

就我所知，極簡主義者這類「日常生活用品不多的人」通常屬於內向型。這說法當然未經科學證實，但對刺激很敏感的人通常會想減少東西。

甚至有英國的研究指出，外向型的人「特別喜歡透過名牌，展示自己的權威或地位」、「越是外向型、低所得的人，越會打腫臉充胖子」。

光是聽到這裡，各位或許會覺得內向型的人比較適合極簡的生活，而「外向型的人比較不適合減少東西的生活，也不適合成為極簡主義者」，但我的想法恰恰相反，**「外向型的人若能知道自己喜歡刺激，就能為了將各種刺激化為動力而減少東西」**、「外向型的人若是減少東西，就能輕易的理解無物一身輕的道理」。

我也有外向型極簡主義者的朋友。我這位朋友雖然是「派對動物」，東西卻少到不需要搬家業者也能搬家，而且他對於那些能彰顯自身權威或地位的東西似乎不太有興趣。

某次我問這位外向型的朋友「為什麼會想減少東西？」結果他告訴我：「我喜歡旅行與搬家，所以為了讓自己的行李更簡便，才開始減少東西」。他常無物一身輕地旅行或是參加夏季慶典這類「很刺激的活動」，簡單來說，他從這些經驗追求刺激，而不是從物品追求刺激。

這種不斷接收刺激也不會疲倦的外向型若是變得更有行動力，就能享受比別人更多的樂趣，或是工作也能更有幹勁，這算是讓外向型多到滿出來的能量增幅的手段。

也就是說，為是為了克服弱點而減少東西，而是為了加強強項而減少東西。極簡主義的精髓在於「排除累贅，強調本質」。**不管是內向型還是外向型，只要了解「自己是怎麼樣的人」，就能知道減少東西的目的，減少東西的動力也會變得更強烈，也就能朝著目標直直走去。**

越是敏感的人越應該減少東西

相較於活力滿滿的外向型，內向型這種特性似乎較為劣質，很容易疲勞，也很容易想太多，不斷地煩惱。不過，內向型也有「因為很敏感才有的優點」，簡單來說，這不是孰優孰劣的問題。

讓我透過例子說明。與內向型具有類似性質的「HSP」在這些年成為熱門話題。所謂的HSP是「Highly Sensitive Person」的縮寫，指的是「個性纖細又敏感的人」，是美國心理學家伊萊恩·阿倫於一九九六年提倡的概念，而HSP並非疾病，也不是心理障礙，只是「比一般人更容易受傷，更容易想太多的傾向」，據說「每五人就有一人」有HSP這種傾向。

問題是，當事人不知道自己屬於「HSP」的比例還很高，所以也沒辦法得到旁人的共鳴，或是會討厭自己。也有意見指出：**「沒發現自己有HSP傾向正是活得很痛苦的原因」**。

其實我也有HSP這種傾向，唯一不同的是，我在了解自己有HSP傾向之後，接受了這種傾向，也就不再覺得生活很痛苦，甚至懂得利用這種傾向（在前一節知道自己是「內向型」的人之後，才知道自己是HSP。據說有許多「內向型」的人都是HSP）。

或許在各位讀者之中，也有人懷疑「自己該不會也是HSP吧？」一如有些人清楚知道自己屬於內向型的人，有些人也很明白自己屬於HSP的人。除了閱讀阿倫博士的著作之外，網路上面有許多自我檢測HSP的表格，若覺得自己有可能是HSP，不妨進一步深入了解這方面的訊息。

因為光是知道自己「有HSP這項特質」，當事人與身邊的親朋好友也會變得更自在。那麼「內向型」或「HSP」的強項到底是什麼呢？

HSP有四大特徵。阿倫博士也在著作之中將這四個特徵的字首縮寫為「DOES」。

D（Depth）是處理的深度，也就是「在行動之前先觀察與思考」，不管當

事人是否注意到這點，都比別人更習慣三思而後行。

O（Over Stimulation）是對刺激很敏感。會注意各種大小事，然後一下子就耗盡能量。

E（Emphasis）是很容易產生共鳴，會逼自己注意與學習各種事情。

S（Sensitive）連身邊那些瑣碎的事情都很在意。

——《發掘敏感孩子的力量》（華夏出版社）

對於不是HSP的人來說，或許會從負面的角度解釋HSP，會覺得這類人「很內向」、「很怕生」。的確，就我個人的經驗來看，我的確很容易「在意別人無心的一句話」，也對周遭的氣氛很敏感，常常會覺得再這樣下去很累。這也是我關閉社群媒體留言欄的理由。換言之，就算很容易被周遭的人影響，也不見得「討厭與人相處」或是「只想躲在家」，還是能與別人建立互相的基礎，展開屬於自己的事業。

就我所監製的服飾品牌「less is _ jp」而言，我反而非常感謝我具有HSP特質這件事，因為這讓我擁有「注意細節的能力（Sensitive）」與「三思而後行的深度（Depth）」。

雖然這樣形容自己有些不好意思，但也正因為我比較敏感，所以能注意商品或服務的一些細節。在製作產品的時候，我也會下達「尺寸再修改二公釐」這類關於細節的指示，所以製作團隊常常會抱怨：「可以不要增加我們的工作嗎？」但就是因為我很擅長站在顧客的立場思考「該怎麼做，顧客才會開心」（很有同理心），所以才能維持工作的高品質吧！

換言之，我只有「很敏感」這項「強項」。當我減少了東西，就能將省下來的能量用於「觀察」，而這份直擊本質的觀察力也得以在製造產品或是寫作應用。

不能將「減少」這件事丟給別人決定

因為職業的關係，我常在大眾面前介紹減少東西的方法，但有趣的是，每次都會有人說「付錢交給業者處理不就好了？」而我通常會直接了當的回答：「這種做法沒有意義，因為交給業者處理，只能暫時讓東西減少，之後又會繼續增加」。這是因為，**在減少東西的時候，必須判斷東西是否需要，而且整理東西可練習「取捨」，如果全交給別人處理，就無法建立屬於自己的價值標準。**我們可以丟掉東西，但不能丟掉成長的機會。

舉例來說，有資料指出，住在「垃圾房」的人有六成是六十歲以上的高齡人士，剩下的四成也都是四十幾歲與五十幾歲的人，而二十幾歲與三十幾年的青壯年幾乎沒有人住在「垃圾房」。

這意味著**「年紀越長，越無法丟東西」**，所以趁早養成「定期減少東西」的習慣，可間接延緩老化。此外，整間房子之所以會堆滿垃圾，其實有下列的原因——

- 一直以來，都沒練習丟東西
- 身體越來越差，沒力氣將沉重的垃圾拿到外面丟
- 與另一半生離死別，陷入孤獨
- 經濟不穩定造成的心理壓力（我的老家就是其中一例）

由此可知，造成垃圾房的背後原因很複雜，而且是很嚴重的社會問題。但是若能減少東西，打造一個不易髒亂的居家環境，或是懂得判斷「哪些東西需要、哪東西不需要」，就不會一直添購不需要的東西，生活成本就會降低，也能常保心理健康。

現代的老人家都曾經歷沒有百元商店或是快時尚那段物資艱困的時代，所以他們從小到大總是被大人告誡「要珍惜資源」。但是，在這個大量生產的時代裡，消費者隨時都能買到需要的東西，就算不刻意購買，東西也會不斷增加，尤其日本的「少子高齡化」的現象越來越不容忽視，我與其他高齡人口也越來越多，所以垃圾屋的問題也如飛機失速般，越來越嚴重。我很想大聲疾呼——**「一直捨不得**

丟掉不需要的東西，這些東西就會變成沉重的負荷，我們也將無法丟掉這些東西」這個概念。更重要的是，人只會慢慢地改變。就算一次接收大量的資訊，一下子充滿幹勁，人也只能透過一再重複的行為改變，所以重點在於「趁早練習放手」。

這點除了適用於「減少東西」，對同樣適用於「增加東西」。很多人都說「我都穿媽媽買給我的衣服」，但我覺得這樣很可惜。如果能充滿自信地說出「我不太在意穿什麼，所以讓別人決定我穿什麼」或是「我覺得挑衣服很麻煩，所以交給別人選擇」的話，就沒什麼關係，因為這也是一種選擇。

比方說，美國前總統巴拉克．歐巴馬為了減少精力的損耗，請了一位助理幫忙決定每天的飲食與服裝。正因為總統肩負國家重任，要做的決定實在多不勝數，所以沒空決定要吃什麼，或是要穿什麼，因此將那些無關政治的事情交由旁人處理。

不過，許多人都是「不自覺」地跟著別人走。大家可以問問自己，「是不是真的像歐巴馬總統一樣，在目標明標的前提下，將事情交給旁人處理的呢？」漫無目的地選擇或購物，是無法讓人成長的。

本書之前提過「減少東西是了解自己的過程」、「將教科書留在學校，是練習取捨的教育」。若問極簡主義或是減少東西會蔚為一股風潮，我認為是**因為大部分的人都不太了解自己**。這是物資與資訊過剩的時代，減少東西，挑出需要的東西，了解「自己想要的生活方式」與了解自己，是件令人喜悅的事，而這些東西真的是反映自己的鏡子。

容我重申一次，如果是因為生病或是不良於行的狀態，當然可以請業者幫忙打掃或是洗衣服。

也可以在減少東西之後，請業者幫忙處理家事，唯獨「減少所有物的部分」，一定要親力親為，自行挑選與整理。

第 6 章

讓生活留白的「減法訣竅」

極簡主義者的「減物步驟」

這一章要介紹具體的「減物方法」，所以請大家先看看下列的步驟——

①在星期六、日或是連續假期安排一段完整的時間。比起「零碎的時間」，「短暫而完整的時間」更加重要。
②先整理一塊「什麼都沒放的地板」，大約是百分之三十左右的面積即可。
③想像理想的生活，決定「要保留的東西」，再把不需保留的全部丟掉。
④從「擁有成本較高的東西」開始丟，留下「不能沒有的東西」。
⑤不轉買也不讓渡，直接「當成垃圾丟掉」。
⑥思考為什麼可以丟掉這些東西。
⑦沒辦法丟東西的人可試著「從精簡東西做起」。

接下來要依照上述的順序說明。此外，下列是為了捨不得丟東西的人整理的「技巧」與「心態矯正術」。

- 比當成大型垃圾丟掉還快的Mercari、Jimoty理論
- 不想增加東西的話，就買台掃地機器人理論
- 就算曾經丟掉，真正需要的東西總有一天會回身邊的心態

在閱讀本書與「整理方法」相關書籍的時候，有一點要特別注意，那就是**「不管是減少東西也好，整理東西也罷，說到底「只有自己的方法最正確」**。明明是不知道該怎麼減少東西才閱讀相關書籍，本書卻說「只有自己的方法最正確」，聽起來是不是很不負責任呢？近年來，的確有不少關於整理、收納的證照或顧問增加，許多人也以為要以極簡主義者的方式面對身邊的物品，需要很高深的技術。

但其實前面也提過，減少東西或是整理東西，是小學生也會的事情，比方說，我就沒有任何證照，但東西卻比別人更少，家裡也整理得很乾淨，所以這些事不像從事醫療或是法律，需要具備專業的知識或是技術，所以希望大家先模仿本書介紹的方法，再一步步找出最適合自己的方法。

捨不得丟東西的人都有的共通之處

介紹整理術的書籍一定會出現兩大派的意見，一派是「一點一點慢慢整理」，一派是「在短時間之內集中整理」，而我則是完全支持短期集中整理的人。其實我之前也曾在「極簡主義者出差去！」的企劃拜訪追蹤者的家，幫忙追蹤者減少東西，我也因此發現，**捨不得丟東西的人都有「找時間整理東西，或是有空再整理東西」的毛病。**找時間整理東西這種「利用零碎的時間整理」會出現下列這些問題。

①沒有完整的時間，所以沒辦法搬出所有東西，以至於無法知道自己到底有多少東西。比方說，要丟衣服的時候，會先把衣櫃裡面的所有衣服攤在地板上，一邊比較衣服，一邊思考這些衣服要如何穿搭，如此一來，就不會丟掉那些「需要的衣服」，也能快速找出不需要的衣服。

②很難體驗生活有哪些變化，所以很難維持動力，因為每天只減少一至二個日常用品，生活很難出現明顯的改變。即使是在報廢大型家具或家電這類讓生活產

生明顯變化的東西，也會因為沒有完整的時間，而沒空拆解、分類或是移動。減少東西就像是體育競賽。

「拜訪觀眾或是藝人的家，與他們一起整理東西」可說是非常經典、長壽，又受歡迎的電視節目，令人驚訝的是，參加這類企劃的人，通常都有很高的機率可以「逃出垃圾屋」，這或許是因為將自己的情況攤在全國觀眾面前，會有一定的壓力，卻也證明「一口氣丟掉一堆東西」是非常有效的方法。話說回來，也不是每個人都能拜託電視台來自己的家幫忙，所以在此推薦大家**「在星期六、日或是連續假日的一大早丟東西」**。

- 從活力十足的「早晨」開始整理，比較不會拖延。
- 全家人都在，所以能一邊詢問家人的意見，一邊與家人一起丟東西。
- 街上的人很多，待在家裡比較舒服，也不會遇到假日加價的問題。

建議大家以「最多七天就要丟完」或是「挑戰在十天之內丟完東西」這種天數

有限的時程表規劃行程。

我這不是在否定「一天要減少○個」或是「趁著空檔慢慢丟」的方法，因為從做得到的部分開始做，讓東西越來越少的目的是一樣的，這兩種方法的差異只在一口氣找出要丟的東西而已。其實我曾經準備了一個「冗物BOX」，會把「不見一整週也不會有問題」的東西丟進去。

此外，「短期集中」的整理方式有一個最棒的優點，**那就是「擁有需要成本」之外，不把明顯多餘的東西丟掉形同「負債」，既然擁有需要成本，那麼不丟掉多餘的東西等於是在「支付利息」**。當我們擁有太多東西，這些東西就會占據一定的樓地板面積，就等於我們一年三百六十五天都在為了這些東西白白浪費房租，而且也得為了管理這些東西而消耗時間與體力。這等於是金錢、時間、體力從破了洞的水桶不斷流失，換個角度來看，這就是一種負債。負債的利息很貴，要趁早償清債務，所以我才會建議大家採取「短期集中」的整理方式。此外，明明丟掉一個東西不是很難，但是當我們覺得「之後再丟好了」，不需要的東西就會不斷增加，從十個增加至一百個，甚至最後增加至一千個，這時候要丟，就得耗費不少力氣與時間。這就像是「複利增殖」的感覺，利息會如滾雪球般增加，所以不懂得定期丟東西的人，才會住在垃圾房。這就是一再拖延的副作用。

「因為沒有時間」、「我就是捨不得丟東西」，有這些藉口的人總是能編出許多理由，但要我說的話，這些人**「不是沒有時間整理」而是「不想整理，所以沒有時間」，也不是「不懂得整理所以減少不了東西」，而是「不想減少東西，所以學不會整理」**。

換言之，他們搞錯了順序，留白是得自行創造的。雖然聽起來殘酷，但我真的想對這些人大聲說「不要逃避取捨這件事」。最重要的是，我們不是為了減少東西而活著。整理東西也要力求迅速精簡，而不是一直拖拖拉拉，沒完沒了。

讓「什麼都沒擺的地板面積」增加至百分之三十

「很有極簡主義風格的房間」都有相同的特徵，那就是「什麼都沒擺的地板面積占整間房子百分之七十以上」，反之，有放東西的地板面積都低於百分之三十。極簡主義者的房間或是美術館通常都是「留白占七成、東西占三成」的設置。

除了極簡主義者的房子可以這麼做，其他的房間也能這麼做。

- 在室內裝潢雜誌出現的精緻房間為「3：7」
- 簡單生活為「5：5」

雖然不能一概而論，但不管是哪本室內裝潢雜誌，只要是看起來很時尚的房間，「什麼都沒放的地板」一定很大一片，而且房間的觀感也會繼著留白的比例而改變，反過來說，可利用留白的比例調整房間給人的印象。

我當然不會一開始就要求大家要「比照極簡主義者的標準」，而且也不是每個人都應該減少那麼多東西，所以在減少東西的時候，只需要先做到「讓空白的地板面積增加至百分之三十左右」就可以了。

以整理三坪大小的房間為例，差不多就是留下「3坪×30%＝0．9坪（約等於1坪）」的空白地板，四坪的話，就以「4坪×30%＝1．2坪」為標準即可，**此外，在增加地板面積的時候，不一定要收拾或是丟掉東西，可以先放在某個角落，或是乾脆全部打包。**

在玩「動物森友會」的時候，「什麼都沒擺的空間」也是很重要的室內裝潢，因為擺了太多東西，會讓地板面積變得太少，此時家具與家具就會撞在一起，也無法推動家具。

此外，前面也提過，「要將所有東西拿出來，掌握自己擁有哪些東西」以及「要從衣櫃拿出所有衣服，排在一起進行比較」的時候，也需要預留一些空間才能做得到。在減少東西之前，一定要先預留什麼都沒擺的地板空間，換言之，「預先留白」是第一要務。

再者，這個百分之三十的規則不僅適用於「地板的留白」，也適用於「收納空間的留白」。比方說，書櫃或是衣物收納盒如果塞得滿滿的，東西就很難拿出來，東西也會因為不通風而受損或劣化。什麼都沒放的空間也能避免人與人之間的密切接觸，或是預留逃生通道，讓我們不至於被東西砸死，或是被傳染病毒，而且在整理東西的時候，也需要足夠的空間。

在說明留白有多麼重要的時候，想順便介紹「極簡」與「簡單」的差異。常有人問我「簡單與極簡的差異是什麼？」我每次都會如此回答——

簡單＝○（圓形）

極簡＝△（三角形）

前面提過，設計的語源為「削減」，極簡主義的本質為「強調」。妥善地整理成單純的狀態屬於「簡單」的領域，而進一步簡化，凸顯想強調的東西則屬於

「極簡」的領域，也就是像三角形一樣尖的狀態。

若要以具體的例子介紹，無印良品或圖書館那種「東西雖多，分類卻很清楚的空間」、「東西雖多，但設計很一致的空間」就屬於「簡單」的領域，而Apple Store或是美術館那種「只擺放精品的空間」或是「明明預留了大片留白，卻只配置幾樣東西的空間」則屬於「極簡」的領域。

如果讓無印良品重新設計以極簡設計知名的MacBook，恐怕會拿掉「蘋果符號」，讓設計變得更加「簡單」吧。不斷地精簡東西，就能凸顯想要凸顯的部分。不管是誰，只要看過Apple的蘋果符號，應該一輩子都忘不了才對。簡單來說，**留白就是「強調」所需的調味料**。

到底要使用「簡單」這個字眼，還是「極簡」這個字眼，全憑個人喜好，而且這兩個概念有不少共通之處，也不是互相對立的，而我在使用這兩個字眼的時候，也只是憑直覺使用。

你喜歡什麼樣的空間呢？建議先決定留白的地板面積有多大，再決定東西的數量即可。

比起「減少什麼」，「留下什麼」更重要

我第一次覺得「極簡主義者好酷！」是在二〇一二年播出的日劇《多金社長小資女》中，看到極簡主義者房間的時候。

在此希望聽過這個故事的人再聽一次。

容我重申一次，這部連續劇的大房間只孤零零地放了三個東西，分別是「掃地機器人」、「三人座沙發」與「營業級大冰箱」，說是為了掃地機器人設計的房間也不為過，因為掃地機器人能在這間空蕩蕩的房間自由地漫遊。就連放在浴室的數條毛巾也都是同一款，而且擺得就像是制服般整齊。

順帶一提，第一集就能看到這間極簡主義者的房間，所以不想減少東西的人，不妨從第一集開始看，連續劇裡的這間房間，真的是東西極少，設計也十分洗練的空間。

讓我們將話題拉回「從理想的生活逆推」吧。連續劇裡的社長為了「專心經營公司，而利用掃地機器人掃地」，也為了「品嘗紅酒而購買可以減少擺設的營業級大型冰箱」，簡單來說，都是有目的性地購買東西，換言之，不是因為減少了東西才買掃地機器人，而是為了買掃地機器人而減少了東西。

因為不想打掃，所以先買了掃地機器人，然後讓地板保持寬敞。在追求「不用打掃」的生活時，一定會需要掃地機器人，而為了讓掃地機器人發揮做用，就必須讓「地板保持寬敞」。如果堆滿了家具或是電線，掃地機器人就會被卡住而動彈不得，所以就這層意義而言，配置掃地機器人的最大優點在於「避免東西增加」，而不是「省去打掃的麻煩」。

在規劃室內裝潢的時候，有一種「專為掃地機器人設計」的概念，也就是為了讓掃地機器人能自由移動，刻意減少東西，或是購買有桌腳或椅腳的家具，讓掃地機器人得以從家具的下方經過這種概念，但是各位讀者不需要勉強自己購買掃地機器人。

我真正想說的是，**「比起減少東西，要留下什麼東西更重要」、「從要配置的**

東西回推，再減少東西」，對我來說，下列就是理想生活。

①隨時都能搬家的生活。為此，我只購買精巧的折疊式家具。

②能夠在大螢幕欣賞動畫的生活。為此，我購買了嵌入式的天花板投影機，為了能投射七十吋大小的畫面，我讓牆壁保持空白。

③為了有時間從事休閒活動，不需花時間做家事的生活。為此，我讓地板保持淨空，讓掃地機器人得以正常運作，也毫不猶豫地購買了滾筒式洗衣機這類方便好用的家電。

話說回來，有些人不知道「自己想要什麼樣的生活」，我也不是一開始就知道自己想要現在的生活。

在此提出一些建議，讓這類人知道該留下哪些東西。標準很簡單，只有「金錢」、「時間」、「樂趣」這三個。

①能創造「金流」的工具或書籍。

②能節省「時間」的省時工具或健康器材。
③能帶來「樂趣」的休閒用品或藝術品。

賺錢是為了節省時間，而時間可用來享受樂趣。只要丟掉冗物，就能得到快樂的人生，所以要想得到理想的生活，只需要留下必要的東西，其餘的東西可以全部丟掉。

比起要丟掉一千個東西，還不如將重點放在留下幾個東西。

如此一來，就能精準地減少東西的數量。

先減少擁有「成本較高的東西」

既然要保留什麼東西已經確定，接下來就是把其他的東西全部丟掉，但往往還是會不知道該從什麼東西開始丟。我的建議是，從「擁有成本較高的東西」開始丟。一如在減少家庭支出的時候，也是先減少房租、電信費這類高額固定支出。丟掉東西需要勇氣與精力，但生活就能因此大幅改善，東西也會變得更容易整理與收拾，但話說回來，到底什麼是**「擁有成本」**？具體來說，有下列五種。

①**金錢**：維持費用較高的東西，不需要的奢侈品以及其他**「會造成經濟問題的東西」**。

②**時間**：會讓人不知道該怎麼搭配的衣服或是其他**「會偷走時間的東西」**。

③**空間**：過大的家具、物品、多餘的庫存與其他**「占空間的東西」**。

④**管理**：錢包、身份證這類不小心遺失就很麻煩的東西，以及其他**「需要妥善管理的東西」**。

⑤**執著**：不需要的禮物、過去的獎狀這類**「讓人裹足不前的東西」**。

具體來說，「擁有成本較高的物品」包含「電視」、「收納家具」或是「衣服」。為了擺放電視，就需要加購「電視櫃」、「電線」、「延長線」，而且東西還會像是「一整串地瓜」般持續增生。收納系列的家具也是一樣，只要紙本書越來越多，就必須添購「書架」，而這些書架也會生灰塵，增加打掃的麻煩。

「衣服」的話，買得越多，就需要越大的衣櫃，汰舊換新或是熨燙也很花成本，尤其快時尚的衣服比較便宜，所以增加的速度很快。

總括來說，這些擁有成本較高的東西都很容易「增生」，所以很麻煩，建議大家早早離開這些東西。我不覺得擁有電視、收納家具或是大量的衣服是罪過，但我覺得只要保留夠用的，其餘的都可以丟掉。

如果不知道該從哪個「擁有成本較高的東西」開始丟，建議從「衣服」開始，因為衣服的擁有成本很高，而且材質是布料，與一般的家具或家電不同，所以也比較容易丟，也不是需要另外請人處理的大型垃圾。更重要的是，衣服是一年三

百六十五天、一天二十四小時都會使用的東西，所以一旦丟掉，就能明顯感受到變化。

反過來說，也有丟了不容易感受到變化的時候，那就是**「丟了太多東西，白白浪費時間與精力」的情況。**相對於「擁有成本較高的東西」，那些「沒有就會感到困擾的東西」應該要保留。比方說，利用毛巾拖地板，或是丟掉洗衣機，衣服改成手洗，的確能減少東西的數量，也能保持房子的精緻與整潔，但是對於人類而言，卻一點也不經濟實惠，反而會讓人難以持之以恆，甚至有可能因為身心俱疲而變得暴飲暴食，走向錯誤的道路，造成無端的浪費。

重點在於——「減少東西」與「減少麻煩」之間的平衡。換言之，該減少的是「擁有成本很高，報酬率又不高的東西」。我在國外旅行時，也會為了減少行李而在旅館手洗衣服，而且不管旅行的時間有多長，我都只帶三天份的衣服，這能讓旅行更加輕鬆之外，旅行地若沒有投幣式自助洗衣服務，手洗反而比較簡單方便。東西越少，麻煩就越少，該以何者為重，端看每個人的家庭形態、人生階段或是當下的狀況決定。

有些人則覺得「親自」做飯、洗衣服、擦地板，每件家事都用心去做是「很了不起的事」，也比較有「生活感」。如果就是喜歡這樣的生活，或是把這些家事當成興趣在做，就不會有什麼問題。這份認真反而是該珍惜的才能。

電視節目《毒舌糾察隊》曾做過「喜歡做家事的藝人」這項企劃，而擁有打掃證照或是洗衣顧問資格的藝人，會在節目針對做家事的祕訣高談闊論，而當我知道「原來這世界上，真的有人這麼愛做家事啊」，也感動不已。

不過，明明不喜歡做家事，卻一直說服自己「會做家事才算是大人」、「不想增加東西」而不斷消耗自己的能量的話，是無法持之以恆的。本書推薦的是從**「減少東西是一場追求效率的遊戲」**、**「有效率的生活能讓精神得以穩定」**這類概念，保留讓生活多點空白的工具，以及丟掉「擁有成本較高，報酬率較低的東西」。

人類的進化就是「避免麻煩」的歷史

大家知道現代的「新三大神器」是什麼嗎？答案是「洗碗機」、「掃地機器人」與「滾筒式烘洗衣機」，而家電行賣得最好的就是這類「能節省時間」的家電。建議大家多保留或是添購這類「能讓生活多點空白的東西」，說得正面一點，就是「耍點小聰明，鑽個小漏洞」也無所謂。

只要耍點小聰明，就能讓需要耗費百分之百勞力的事件，變成只需要耗費百分之十的勞力。

剩下的百分之九十的勞力，可以用來鑽其他的漏洞。重複這個「耍小聰明，變得輕鬆」的過程，就能多出時間與精力，享受興趣以及挑戰夢想。

其實人類的歷史就是「省略」的歷史，也可說是「物品的進化史」。因為「怕麻煩」的感覺會讓人類變得很有創意。帶著一堆東西很麻煩，所以智慧型手機才問世。打掃很麻煩，所以才發明了吸塵器與掃地機器人。出門買東西很麻煩，所以才會出現Amazon這類網路商店。反之，人類的身體從狩獵採集時代就沒有任何進化，一直都是兩隻眼睛，一個鼻子、一個嘴巴，一雙手與一雙腳，然後各有五根手指。據說之所以不是三根、四根手指，而是五根手指，是因為這樣不需要浪費力氣，就能緊緊握住東西。醫療專用的機械手臂也是因此才設計成五根手指。

換言之，文明的發展與人性息息相關，雖然科技進化的例子不勝枚舉，這些科技的共通之處都是「省略」。「省略麻煩」也是我成為極簡主義者的動機。

雖然話題有些岔開，但聽說有所謂的「極簡主義者的三大職業」，分別是「建築師」、「美容師」與「工程師」。本書在開頭提到，建築師是「Less is more」這個概念與極簡主義者的源頭，至於美容師則是「讓人變美的專家」，是以去無存菁為目標的工作。工程師則屬於「讓工作消失的工作」，寫程式的時候，也有避免重複「撰寫相同的程式碼（DRY的原則／Don't Repeat Yourself）」、「不用急著彌補不足之處（KISS原則／Keep It Simple, Stupid）」、「你不需要那些部分（YAGNI原則／You Are't Gonna Need It）」這類概念，如果將這些概念套用在減少東西的過程，就會得到**「每天的例行公事都有缺少效率的部分（DRY）」、「比起丟東西的順序，早點開始丟東西比較好（KISS）」、「覺得以後用得到的東西，通常不會再使用（YAGNI）」**這類結果。聽說越是優秀的程式設計師「越懶、越怕麻煩」，最終也成為他們的動力，反映在他們的程式碼上面。

同樣的，極簡主義者也「很怕麻煩」。我很討厭整理東西，所以為了從根本避免房間變得髒亂而決定減少東西。因為不想花勞力工作，所以降低生活成本。到底該怎麼做，才能避開麻煩？要避開那些討厭的事情，就只能更有效率地完成那些事情，所以我絕對不做那些不想做的事，也因此遠離那些工作或是家事。

- 我不愛洗衣服，所以把衣服全丟進「滾筒式洗衣機」，讓洗衣、烘衣全部都在室內完成。我從來不需要為了曬衣服或是收衣服而注意天氣預報，而且連曬衣架都沒有。
- 連家裡地板都是交給掃地機器人負責，所以我也有更多的時間打電動、讀書以及寫書。

- 在家計簿的部分，由於我全部都是以電子錢包支付，所以都會自動記帳，不需要每付一次錢，就手動記錄一次，只需要打開智慧型手機的App就能看到消費明細。

接下來的事情或許會讓大家覺得有些驚訝，但我有一陣子很迷「禪」與「佛教」，也因此讀了很多相關的書籍，那時候的我，可是每天都用抹布擦地。佛教也有「打掃就是修養身心」的概念，鼓勵一大早打掃，做為修行的一部分。打掃不僅能讓房間變得乾淨，還能讓「內心變得清明」，我也非常認同這種概念。所以我也曾經試著讓自己喜歡打掃這件事，但伴隨著努力而來的「喜歡」卻令我很痛苦。

話說回來，我雖然討厭打掃，卻非常喜歡「打掃之後的乾淨感受」，所以我才會減少東西，避免房間變得凌亂，也添購掃地機器人，讓打掃這件事盡可能自動化。這些「為了不用努力的努力」是非常重要的，越是不願付出這種努力，到頭來，就是累死自己。

東西既「不賣」也「不轉讓」，而是當成「垃圾」丟掉

捨不得丟東西的人有三大藉口，分別是**「丟掉很可惜」**、**「可以拿去賣」**、**「可以讓給別人使用」**。

第一個藉口的「丟掉很可惜」應該說成「不丟掉才可惜」。該丟卻不丟的東西很占空間，也等於浪費房租，而且「一直想著要丟，卻又丟不了很煩」，也很浪費大腦的記憶體，所以我建議大家，先丟再說。最糟不過就是再把它買回來而已，所以就算丟錯了，再買回來就好。老實說，就算真的丟掉那些東西，通常不會「真的重買一遍」。以我為例，在這八年的極簡主義生活之中，我重買一遍的東西只有六個，丟掉的東西卻有幾百個。

這是因為「當你思考這件東西該不該丟的時候，代表你其實不太需要這個東西」。比方說，現代人很少會考慮「要不要丟掉智慧型手機」對吧？如果心儀的異性找你約會，應該很少人會拒絕吧？人類對於需要的東西是不會猶豫的，而且如果是真的需要的東西，根本不會想到要丟掉。不過，在處理紀念品或是某些限

定商品就要多想一下，因為「一旦丟掉就絕對買不回來」。這類東西可以先拍個照再丟，或是確定「絕對不需要」再丟，所以我幾乎不買限定商品，只買壞掉或是損耗之後，還能重新買一個的「經典商品」。

此外，捨不得丟東西的人最常說的藉口還有「可以拿去賣」或是「可以讓給別人用」。基本上**「不具轉賣價值的東西，就該全部丟掉」**。

換言之，剛開始練習整理東西的人，或是剛入門的極簡主義者，該想的不是轉賣或讓渡，而是把東西當成「垃圾」直接丟掉，也比較環保。

身為極簡主義者的我或許是因為SDGs（聯合國永續發展目標）或是永續性這股風潮的影響，常將「把東西當成垃圾丟掉很不環保」掛在嘴邊，但其實也可以直接了當地反駁這句話，因為「在覺得把某件東西當成垃圾也無所謂的時候，擁有這個東西就已經不符合環保概念了」。當我們擁有難以管理的物品數量，就無力顧及所謂的環保，此時若是把「可以拿去賣」或是「可以讓給別人使用」當成捨不得丟的藉口，只會讓自己陷入東西越堆越多的惡性循環。

所以就長期而言，「在想丟掉的時間點」把那些東西當成垃圾丟掉之後，貫徹

「留下來的都是不會丟的東西」才符合環保，而且「下定決心要丟」的熱情總有一天會冷卻。

後面的第7章也會提到「東西的出口戰略」，以及慢慢收集「優質精品」的做法。如此一來，不管是要轉賣還是要讓渡，都會覺得只是讓東西流通與循環。**在最快、最短的時間之內，讓「所有物的數量減至最低」是最環保的做法。**將東西當成垃圾丟掉的優點還不只這樣。

美國的知名雜誌《華爾街日報》曾刊出「中古商品店無法令人心動」這個報導。在美國掀起「整理東西」的熱潮之際，二手回收店的門前總是大排長龍。有些人會把有點捨不得，但是用不到的東西拿到二手回收店賣，而二手回收店不是垃圾場，通常會在高級地段租地方保管東西。說得難聽一點，「剛開始學習整理的初學者，都只有破銅爛鐵而已」，尤其現在又是大量生產的時代，也是「物質過剩的時代」。你覺得是垃圾的東西，對別人來說，也是垃圾。這裡的問題在於，我無意批判像我這種「推薦整理東西、減少東西」的人。許多人搭上這股整理東西的風潮，認真面對所有物是件好事，而在這個過度期發生一些問題也是無可奈何的事。

我知道，的確有一些是價值數千元或數萬元的東西，所以不需要真的將這些東西當成垃圾丟掉，因為「如果是賣價比買價還高的東西，或是別人需要的東西（轉售價值較高的東西）」，一下子就會被別人買走。捨不得丟掉固然不好，但大家可先試算一下自己的時薪，再設定「低於～元的東西就丟掉」的規則。如果還是覺得丟掉很有罪惡感，不妨拿去回收。比方說，Uniqlo、無印良品、ZARA這類衣服，就能拿去相關的門市回收。

總之，基本方針就是「不具轉賣價值的東西，就該全部丟掉」，捨不得丟，不斷地增加東西才是真正的問題。

捨不得丟東西的人可選擇「尺寸較小的物品」

剛剛提到「總之先丟再說，讓手邊的物品數量降至最低最環保」，但真的在丟東西的時候，也不能抱著「反正不需要」的心態丟東西。在減少東西的時候，一定要先分析**「丟這樣東西的原因」**。

就算已經知道該怎麼丟東西，卻戒不掉亂買東西的習慣，情況還是不會有任何改善。話說回來，只要不亂買，就沒有丟東西的必要，我自己也不是從一開始就懂得買對東西，也不是很擅長減少東西，都是一而再再而三的分析之下，養成挑選東西的眼光。就算只是一件衣服，也有可能遇到「這顏色很怪，不容易穿搭」或是「因為特賣而買」這類問題，**在囤積了一堆不需要的東西，以及不斷買錯東西之後，才慢慢地能挑對東西。**

反正都是要丟，還不如透過這個過程培養「不會再亂買東西」的習慣。被丟掉的東西也希望幫助主人成長對吧。

此外，很多人都以為「減少東西」就是「放棄多餘的東西」，但其實不然，所以與興趣或是回憶有關的東西，或是不想丟的東西，其實沒必要逼自己丟掉。

話說回來，如果覺得「東西很占空間，很難處理」或是「本來就捨不得丟東西」的人，建議選擇**「尺寸較小的東西」**。

- **服飾**：挑選整套的衣服或是連身洋裝，減少衣服的數量，也可以藉此增加首飾或配件，如此一來，就能享受時尚，又不需要購買太大的衣櫃。
- **電視**：可改用投影機、行動式螢幕、nasne（小型調諧器）。
- **紀念品或書籍**：用智慧型手機拍下照片，或是剪下重要的頁面再丟掉。

雖然我手邊的東西不多，但全部都是喜歡的東西，比方說，我就很喜歡Nintendo Switch，也很常拿來打電動。雖然這些東西看起來很像是贅物，但對我來說，卻是「必要的東西」。如果想用大螢幕打電動，也可以利用投影機取代電視，或是改用行動式螢幕。由於沒有調諧器，所以不需要付NHK收視費，也不會利用無線電視的節目殺時間。如果有想看的無線電視節目，只需要使用SONY的

nasne這種小型調諧器，就不需要液晶電視，直接利用智慧型手機或電腦收看，就算外出，也能把節目錄下來。

此外，畢業紀念冊我都只把與回憶有關的頁面拍下來就丟掉，因為「畢業紀念冊很少會翻開來看，而且很占空間，又會生灰塵」。

減少那些捨不得丟的紀念品或是禮物，也可以使用「縮小尺寸」的這個方法。**「拍成照片再丟掉（讓回憶的尺寸縮小）」的這個方法，能讓「東西減少百分之十五」，這點也已由賓夕法尼亞大學的實驗證實。**

要求學生「捐出不要的東西」時，若是直接捐贈，捐贈數量為五百三十三個，若是先拍照再捐贈，捐贈數量可達六百一十三個，兩者有百分之十五的差距。之所以會有這個結果，是因為光是讓實物轉換成數位照片，讓自己有機會回顧，就能跨越「沒有怎麼辦？」這個心理門檻。

曾有人問我「我想丟掉用不到的棒球手套，但我不想忘掉當年練習的熱情……怎麼辦？」這是想丟掉的心情與想保留回憶的心情不斷糾結的情況。如果大家有類似的情況，我的建議是「把手套的一部分剪下來」這種折衷方案。有些人會把

「雜誌的某一頁剪下來收藏」，而紀念品也不一定得完整收藏，只需要保留一部分，就足以重溫當時的回憶。

換言之，**我們捨不得的不是「東西」，而是與東西有關的「回憶」或是「功能」**。雖然東西的尺寸變小，卻沒有放棄東西的功能。就算沒有減少東西的數量，也能稍微降低擁有成本。

在整理東西的時候，往往會以減少東西的數量為主，但建議大家把「壓縮」這個概念放在心裡，減少東西的「體積」。反過來說，不管數量變成多少，只要家裡都是大型家具或是無法折疊收納的東西，就無法擺脫空間的束縛。建議大家在挑選東西的時候，盡可能以能夠折疊收納為基準。能隨時搬家的自由以及寬敞舒適的房間，都是源自省空間的生活。

只要是必需品，就算曾經放棄也會回到身邊

其實我也曾經「在放棄某樣東西之後，覺得還是需要那樣東西」而重買一遍，比方說，我曾經買過三次相同的背包。

第一次買的時候，覺得這個背包的設計又簡單又酷，所以就買了，但用了一陣子之後，覺得「應該換小一點的背包」，就拿到Mercari拍賣。第二個則是買了S尺寸的同一款背包。

結果疫情爆發，旅行與外出的次數大減，背包出場的機會也跟著減少。眼看著這個放在櫃子上面的背包積了一堆灰塵，就又把這個背包拿到Mercari拍賣。兩年後，疫情慢慢趨緩，外出攝影的機會變多，所以我又在Mercari買了同一款背包。

或許有人會覺得「既然會重買三次，還不如留著就好，這樣不是很浪費錢嗎？」，或是「何必對同一款背包那麼執著，換別的包包也可以啊？」。

不過，我只是在Mercari花一萬日圓把之前在Mercari以一萬日圓賣掉的背包買

回來而已。我喜歡的這款背包是「Cote & Ciel」這個牌子的產品，不管過了幾年，中古行情都停留在一萬日圓左右。

我只是以相同的價錢買賣同一款背包而已。換言之，**Mercari就像我租來的個人倉庫，我只是暫時租用這個背包，沒有「擁有」這個背包的感覺。**這點在物流因為Mercari的問世而加速的現代更是如此。

更何況「在賣掉之後的兩年買回來」也只是所謂的結果論。

如果疫情沒爆發，我應該會繼續使用，不會拿去拍賣，如果疫情持續悶燒，別說是兩年後買回來，說不定這款背包根本沒有出場的機會。一直為了放在一旁不用的東西支付擁有成本會造成什麼問題，本書也已經提過很多次。

「雖然當下不需要，但總有一天會用到……」

如果一直像這樣天人交戰，就乾脆放手吧。若有一天再度需要，這東西還是會轉回手上。在不需要使用的時候，讓給別人使用，或是請別人保管就好。這麼做，東西才能有效運用，我自己也能變得輕鬆。**更重要的是，「曾經放手，卻覺**

得想找回來的東西」會讓我們知道，我們到底需要的是什麼。重買三次同款背包的確是很誇張，我也曾告訴自己「其實可以換一款包包試試」，但我發現我就是覺得這款背包很好用，也很喜歡它的設計，所以就沒有改買別款包包。

這種思維也能用來分辨哪些是必要的東西。如果不知道該不該丟，不妨問問自己「在放手之後，會不會願意花錢買回來」，如果會，就留著，因為這代表**「那是你必備的東西」**。

在這章的最後，要介紹「大型垃圾」這種很難放手的物品該怎麼處理。前面提過「初學者就都當成垃圾丟掉就好」，但大型垃圾是例外，因為有比當成垃圾丟掉更快放手的方法。比方說，我最近就處理掉「伸縮桿」。我用不到這個伸縮桿，但是它長得我放不進垃圾袋，所以我便在**「Jimoty」**詢問，有沒有人願意0日圓收購這根伸縮桿。「Jimoty」是以「在地公佈欄」的概念，讓居民與鄰居交換資訊的網站。可在這個網站詢問，有沒有鄰居需要自己用不到的東西。沒想到我將這根伸縮桿放上這個網站才四分鐘，就有人跟我聯絡，二十分鐘之後，就在自家公寓門前完成交易。之所以速度這麼快，就只是因為「0圓出售」。如果將售價定為數百日圓，應該還是有人會買，但我想趁著這個工作空檔趕快處理伸縮桿，所以才故意將售價訂為「0日圓」，果然一下子就有人要。此外，預約大型垃圾收運的話，等上一個月也是常有的事，而且還得另外支付費用，所以透過「Jimoty」回收大型垃圾才是省時省錢的做法。

容我重申一次，初學者不能老想著「賣掉垃圾賺錢」這件事，而是要告訴自己**「哪怕是免費送出都好，早點放手，早日得到精簡的生活才划算」**。減少東西，搬到小房子之後，若能每個月少付一萬日圓房租，等於一年可以賺到「1萬日圓×12個月＝12萬日圓」的收益，而且這幾乎是半永久的獲利。一旦想透過賣東西賺錢，就會因為擁有成本而不斷支付利息，造成額外的損失。

第7章

不增冗物的「加法訣竅」

人生不是「累積」，而是「一邊累積，一邊失去」

「介紹減法也就算了，這本書的主旨不是『放手練習』嗎？怎麼會介紹加法呢？」、「我是為了減少東西才開始讀這本書，完全不想知道該怎麼增加東西」……

我似乎聽到讀者心中的吶喊了，不過，在我協助很多人整理房子之後，我發現東西很多的人，都有一個共通之處，那就是**「不懂得減少東西的人，很常亂買東西。因為不懂加法，所以也不懂減法」**。

- 「怎麼會買這個東西？」有些人會買讓人不禁如此詫異的劣質品。
- 問他們「在哪裡買的？」、「為什麼買？」、「花了多少錢？」也答不出來。
- 買完就放在旁邊，完全沒想過該怎麼轉賣。

要在一開始就懂得如何買東西當然不容易，也不可能都買到絕對需要的東西，我也知道，有些東西與「品質」無關，單純只是與「回憶」有關才留在身邊，而這些東西往往無法以價格或是品質衡量。不過，不懂加法，連帶不懂減法的情況實在多不勝數。比方說——

- 因為「別人也有」，所以買了不需要的東西。
- 每次都因為「便宜」而買，所以買了一堆難以轉賣的劣質品。
- 不知道自己有沒有庫存，莫名其妙地買了兩個一樣的東西。

不懂加法的人，不管買了多少東西都不會滿足，家裡會堆滿「丟掉也無所謂」的東西。**減少東西早在買東西的當下就已經開始**。懂得加法的人，往往也懂得減法。

- 不跟風，只以自己的度量衡挑選「需要的東西」。
- 只買優質，容易訂價的東西，一旦不需要這些東西，也能立刻找到買家。
- 精準掌握需要的庫存量，不要買到相同的東西。

此外，我從來不會猶豫「增加東西」，只要是必需品，我一定毫不猶豫地買下。一旦成為極簡主義者，很容易將所有的焦點都放在「減少東西」這點，很容易陷入「越少越好」與「盡可能不要買錯東西」的盲點。

極簡主義的本質並非「減法」也不是「減物」，而是透過精挑細選的過程吹散眼前的迷霧，「強調」對自己重要的東西。一如「減少東西」與「丟掉東西」是手段，不是目的，逼自己「不增加東西」與「不買東西」，也是本末倒置的做法。

如果遇到讓自己的人生變得更豐富或是生活更有效率的東西，我都毫不猶豫地嘗試，就算不買，也可以租用或是透過共享服務使用，更重要的是，「不浪費時間思考要不要嘗試」。就算是思考再三買下的東西，也有可能在試用之後覺得不太適合，或是因為生活型態改變而不再需要。拜Mercari或是社群媒體之賜，現代有許多「挽救失敗的手段」。「早日失敗，減少損失」是矽谷的準則。若以轉賣為前提，就能讓損失減少。我也很喜歡「邊累積，邊失去」這句岡本太郎的名言，我覺得這句名言充份描述了極簡主義者的生存之道。在此為大家引用部分內容。

「每個人都以為人生就是不斷地累積。但我不是，我認為是一邊累積，一邊失去。不管是財產還是知識，累積得越多，就失去越多自在」

——《堅強活下去的名言（直譯）》岡本太郎，East Press

自稱極簡主義者的我，也經歷多不勝數的浪費與失敗。或許這一切都是「繞遠路」，但時至今日，我都為了「能體驗過去的一切」而打從心底感謝，所以我非常珍惜在經歷這一切後所留下的東西。說得極端一點，就算是花錢如流水，物慾薰心的人，只要買了一個就放棄一個，東西就不會增加，也能一直維持在精簡的數量。讓不用的物品「東之高閣」可說是萬惡的根源。

思考物品的「出口戰略」與「流動性」

一直以來，我都以「能否轉賣？」、「能否轉讓？」、「能否用得完？」這些前提為自家添置物品。

在此為大家介紹**「Mercari讀書術」**，也就是「在書店買書，以及開始閱讀之前，就先放上Mercari拍賣，然後在成交與寄貨之前把書讀完」的手法。應該有不少人想培養讀書的習慣，卻只滿足於買書的過程，也就是「積了一堆書卻不讀」，只把書櫃當成裝潢，但如果採用Mercari讀書術，就會因為「不知道何時會賣掉」而專心把書讀完，也就能培養讀書的習慣。更棒的是，如果買的是才剛出版的書，沒幾天就可以脫手賣出，也能拿回大部分的成本，等於能夠一舉得到「便宜地閱讀最新資訊的新書」以及「是以轉賣為前提，所以書櫃不會被塞爆」這兩個優點。

如果一本書在讀完之前就不得不轉售，也可以利用拿回的錢再買一次。話說回來，如果不是非得讀完不可的書，代表「現在的你不需要這本書」，所以讀不完也沒關係。就結論而言，所謂的「出口戰略」就是「出售」、「轉讓」與「用完」這些策略。

①出售：名牌、剛上市的潮牌。
②轉讓：透過社群媒體尋找接手的人。租用服務或是共享服務這類「用完換別人使用」的例子也算是其中之一。
③用完：食材或是日用品這類消耗品，或是快時尚這類服飾。

能從「出售」、「轉讓」或是「用完」這三個方法之中選擇一種是最理想的情況，最糟就是「丟掉」。如果不丟掉，一直擺在家裡，只會占空間，而出口戰略就是為了避免這種情況發生。

容我重申一次，如果是「剛開始減少東西數量的初學者」，「把東西當成垃圾丟掉」是迫不得已之舉，因為在沒有任何出口戰略之下增加的東西，會一直以「總有一天會賣掉」、「總有一天會轉讓」、「總有一天會使用」這種藉口堆在家裡，也就沒辦法好好地整理房子。一旦東西越堆越多，也就越來越沒動力減少東西。接著要進一步說明出口戰略的「出售」與「轉讓」的方法。**東西是否是垃圾，全憑「流動性」判斷。**

「放手的時候，也喜歡。」——

這是iPhone官網的文案。據說iPhone的產品特徵就是「智慧型手機本身採用可100％回收的鋁製作」、「舊iPhone也能透過蘋果公司的換購方案享受折抵優惠」，這也是符合環保的措施。在這個人手一支智慧型手機的時代裡，為了讓智慧型手機能夠永續使用，而不斷地維持品牌形象，能讓產品「不淪為垃圾」正是大企業的厲害之處。

此外，蘋果公司也有「認證整修品」這種將回收的二手產品整修為新品狀態，再以最多低於最新款式百分之十五的價格出售的服務。簡單來說，就是由企業銷售的整修品，消費者能以更低的價格購買，銷售端的蘋果公司也能透過整修商品賺取差額，而且還兼顧環保。這可說是三贏的措施。

最糟的情況是「想轉賣」卻沒人接手，放在家裡發黴，因為不再使用的東西若

是沒人接手，就只能當成垃圾丟掉了。

若用很簡單易懂的方式說明上述的「流動性」，就是「想賣的時候，能不能立刻賣得掉」。一如股票市場與不動產市場的「流動性風險」，想賣掉手上的不動產，通常得耗費不少時間才能找到買家。不動產也難今天說要賣，明天就賣掉，所以不動產的流動性通常不高。

只要一直有想買的人與想賣的人，就隨時可以賣掉。話說回來，「什麼是流動性較高的東西？」，如果以上市上櫃的熱門股票為例，通常一開市就能隨時賣掉與變現，所以流動性極高。如果是物品，就是「一放上Mercari或是二手商店，就能立刻賣掉的名牌」。除此之外，「租用或共享」都是能夠隨時解約的服務，所以也算是「流動性很高」的例子。

「單點豪華主義」與「舒適原則」

在添置物品之際，除了要注意「物品的流動性」，還要注意「單點豪華主義」與「舒適原則」這兩個相關的概念，因為**「流動性較高的物品通常轉售價值也較高」**，要買這些物品就要秉持著「一分錢、一分貨」的概念，集中資金購買這些物品。

我每年都會在新款iPhone上市的時候，購買iPhone，而這也是重視轉售價值的購物方式。我知道，有些手機比較便宜，功能也比iPhone優秀，但iPhone的品牌價值較高，所以就算用了一年，也還能以定價的六至七成左右賣掉，等於我只花了三成的價錢使用新手機。不過，若是用了兩年、三年，出售的價錢就會變差，而且用得很舊的手機也沒人想要。

我曾看過用了好幾年的翻蓋機與智慧型手機被丟在一旁的模樣，我真的覺得這樣很可惜。如果能在決定不再使用的時候就立刻出售，不僅能夠變現，這些東西也不至於變成垃圾……此外，若先設定「一年後出售」這種出口戰略，就會在使用物品的時候，盡可能不讓物品受損——**「擁有好東西等於擁有現金」**。順帶一提，本書所說的「轉售價值」是中古車市場常見的術語，指的是「物品於中古市場的價格」。話說回來，該把資金集中在哪些物品呢？答案很簡單，就是「會長時間使用的物品」。請試著從自己的生活逆推看看。

- 智慧型手機（每天使用八個小時。會用來工作、玩遊戲、電子支付，也會在其他的場景使用）
- 床墊（每天使用八個小時。除了睡覺之外，也包含收起來移動的時間）
- 滾筒式烘洗衣機（每天使用三小時。除了洗衣、烘衣之外，也會對二十四小時穿在身上的衣服造成影響）
- 掃地機器人（每天使用一小時。每天早上起床的時候，我一定會打掃地面）

像這樣回想「自己的一天」，再將資金集中在這些會長時間使用的物品。這就稱為「舒適原則」，也是能提升滿足感的花錢方式，這點也已得到科學實證。

話說回來，有些人會覺得「在一個物品花那麼多錢很可怕」，但其實是否覺得眼前的商品有價值，與價格的高低沒什麼關係。反過來說，明明打從心底「想要」眼前的商品，卻因為價格而怯步的話，等於扼殺了自己的心情。

「不知道划不划算的東西，就是不需要的東西」，本書已多次提及這個概念，若反覆糾結最終只會淪為這個也想買、那個也想買，物慾始終無法得到滿足的下場。最重要的就是，明白「便宜沒好貨」這個概念，減少買東西的頻率，就能養成一點一滴儲蓄資金的體質，也比較不會因為價格太高而放棄購買。換言之，「單點豪華主義」的消費習慣是以少數的物品滿足物慾所需的不二法門。

不過有一點要請大家注意，我想說的不是「便宜的東西很低級，要買就買高級品」，比方說，我愛穿的T恤只是要價一千兩百日圓的便宜貨。我不是因為這種T恤便宜才買，而是因為真的喜歡才購買，哪怕需要花兩千日圓或三千日圓，我還是會購買。這五年多以來，我已經買了很多次這種一千兩百日圓的T恤。雖然這種T恤只需要一千兩百日圓，但我還是能說出很多優點，比方說很符合我的體型，很厚實、耐穿、不易起皺、方便清洗，而這就是「價格的高低與實際的需求沒有關係」。

此外，不易跌價的商品除了「不會變成垃圾」，還能在緊急時刻變現。人生就是充滿了變數，就算把閒錢拿去投資，也有可能會突然需要大筆的資金應急，長期認同的價值觀也有可能因為世界的情勢或是生活型態的變化而改變，或是被時代淘汰，相信各位都從這場新冠疫情深深體會了這點。

讓物品像水與血液不斷循環。若不提高新陳代謝，身體就會越變越胖。一如「金錢是於全世界流轉的東西」這句話，「物品也該於全世界流通」。

物慾得透過買東西才會得到滿足

自從我成為極簡主義者，我發現「物慾」只能不斷地買東西才能紓解。有些人認為「有時候是因為被廣告煽動，誤以為自己『需要』那些其實不需要的東西」或是「如果不知道要不要買，就先冷靜一下」。的確是有這類情況，但如果是想了很久，還是覺得想要或是需要的東西又如何？比方說，我打算成為極簡主義者之後，便將「絕對想要的東西」列成一張清單，然後決定優先順序再依序購買。

①滾筒式洗衣機　20萬日圓
②掃地機器人　3萬日圓
③投影機　10萬日圓
④醫美除毛費用　20萬日圓
⑤ICL植入式微型鏡片手術費用　88萬日圓
⑥矯正牙齒費用　100萬日圓

⑦嚮往的「旅館生活」的費用　50萬日圓（三個月的費用）

總計　291萬日圓

粗估之下，大概得耗費三百萬日圓，但我在這七年之內，買到所有「我想要的東西」，換言之，就是在**「選擇極簡生活之後，早一步開始存錢，然後依序購買想要的東西」**。

這些東西沒有辦法不買，只以其他東西代替嗎？

忍很久再買，不會覺得難以忍受嗎？

不會每天都覺得很煩躁嗎？

比方說，滾筒式烘洗衣機的部分可請幫忙做家事的業者代勞，也就不需要購買，但這麼一來，就有「別人會進來家裡的風險」還得「花時間下達指示」，這與我的理想生活相去甚遠（我無意否定幫忙做家事的業者）。視力的部分也可以選擇戴眼鏡或是隱形眼鏡，但這麼一來就得花時間戴眼鏡，眼睛也容易出問題，而且只有視力正常，才能在突然遇到災難的時候，「不需要眼鏡，隨時都能看得清楚」。

反過來說，「沒錢就無法解決的物慾」只需要攢出三百萬日圓就能全部解決，所以我才先將這些物慾列成清單，然後再依序滿足，這也是我壓低房租，持續極簡生活的動力。比方說，獨立生活的平均房租大約落在「每個月六・五萬日圓」左右，但我一直過得很精簡，所以這七年的每月房租大約是「三萬日圓」左右，若將每個月房租差額的三・五萬日圓乘以七年，就等於二百九十四萬日圓。

三百萬日圓絕對不是小數目，但我從一開始就知道「我絕對想要的東西有哪些」，所以不會在其他的東西多花半毛錢，生活也過得舒適自在。屢屢因為難以克制的物慾或是特賣而「買了不需要的東西」，然後懊悔不已的人，最好正面檢視自己的慾望，必須打從心底面對自己。本書之前之所以提到「早一步規劃生活很重要」這點，也是基於上述的理由。決定不做的事情，持續極簡的生活，就能像是複利或是滾雪球般，不斷拉開與別人之間的差距。

此外，我面對物慾的心法為**「用到膩為止」**以及**「用到膩之前，樂在其中」**這兩種。比方說，我雖然很喜歡相機，但不會一看到相機就心癢難耐，因為之前已經在相機器材花了三百萬日圓左右，也試過很多種鏡頭。

如果各位覺得「那都是因為你很會賺錢，才能這麼做」，那就錯了。因為只要擬好「出口戰略」，選擇共享服務、租用服務或是在Mercari出售，就不需要花太多錢。花在相機器材的三百萬日圓已經回收超過二百萬日圓。「雖然很想要，但因為這樣那樣，所以不需要」，與其像這樣替自己找「不買的理由」，還不如趕快買下來。**容我重申一次，減少東西是手段，不是目的，增加東西也不是目的。莫名堅持「不買」，反而是本末倒置的做法。**

科學證實「體驗比擁有更重要」

「住在小房子，多出來的錢用在外觀之外的消費」

這是《幸福與金錢的經濟學》（書名為直譯，Robert H. Frank著）的結論。該書認為，金錢該用在「非地位財」而不是「地位財」。

「地位財＝透過與他人的比較獲得滿足的東西」

年收入、社會地位、教育費用、車子、房子、手錶這類物質財產

「非地位財＝與別人無關，能自行營造幸福的東西」

健康、休閒、工作環境、安全、儲蓄、自由

※結婚介於「地位財」與「非地位財」之間，因為就「能向親戚或旁人炫耀」、「擁有已婚這種社會地位」這類意義來看，結婚屬於「地位財」，但是從「對配偶與家人的愛」這點來看，結婚則屬於非地位財。

極簡主義者有**「體驗比物質重要」**的價值觀。

也就是「購物只能產生瞬間的滿足感，但旅行或是其他的經驗則會讓你一輩子都覺得很滿足」的意思。

這個「經驗比物質重要」的理論也已得到科學證實。心理學者利夫・凡・鮑恩與湯瑪士・基洛維奇的研究指出，「花錢購買體驗，能得到比花錢購物更多滿足」，該論文的內容如下：

①購物創造的幸福感非常短暫，沒多久就會失去新鮮感。
②將金錢換成東西之後，會被別人拿走，但體驗是無法被奪走的。
③每個人都會對幸福感到疲乏，就算買到想要的東西，之後會想「買更好的東西」，不同物品的等級或是價差，會讓我們忍不住與別人比較。

結論很簡單，就是**「不要花太多錢買東西」**。

只要戒掉「現金」以及「事後付款」，手邊的錢就會增加

「你相信嗎？就算你沒錢，有張魔法卡片能讓你買到任何想要的東西。不過，VISA的那群人非常清楚，人類只要有很想要的東西，就什麼都願意相信。」這是信用卡公司VISA的CFO尼爾・威廉的發言。他說，這張塑膠卡片能夠麻醉付錢的痛苦。

某位經營者在接收採訪的時候說道「想借錢給更多人，因為這麼一來，錢就能生錢。循環利息的報酬率極高，放著不賺實在太可惜了。」，我對這番話可說是印象深刻。

近年來，除了信用卡之外，網路商店也推出了「賒帳付款」或是「智慧付款」這類服務，這種換湯不換藥的「事後支付」系統也已十分普及。為什麼不惜借錢給消費者，也希望消費者買東西的理由，想必大家都知道吧。

大家有過刷爆信用卡，看到月底的卡費而後悔不已的經驗嗎？我也曾經因為卡費比收入還高而懊悔，也曾以「這是為了更有效率地寫部落格的投資」為由，不

惜以分期定額付款的方式購買筆記型電腦，結果就是得承受高達18％的循環利息。雖然利息很高，但這台筆記型電腦的確有助於現在的工作，所以貸款買電腦可說是正確的選擇，只是到了現在，我還是覺得，當初應該選擇期數較少的分期定額付款方式，或是退而求其次，買一台「舊款，但規格不錯」的筆記型電腦就好。其實以信用卡愛用者為對象的研究發現，信用卡愛用者通常有下列的傾向。

- 信用卡愛用者的負債比簽帳金融卡的使用者多出四倍。
- 比起現金拍賣的消費者，信用卡愛用者通常會以二・一倍的金額標下商品。
- 信用卡愛好者預估月底的卡費時，通常會低估百分之三十左右。

《快樂錢》（伊莉莎白・鄧恩、麥克・諾頓著，天下文化出版）：**因此我不論如何，都選擇以簽帳金融卡「事先支付」**。簽帳金融卡是在付錢的當下，直接從銀行帳戶扣錢的「簽帳式、預付式」卡片，不喜歡信用卡那種「事後支付」方式的人，可以改用這種簽帳金融卡，讓自己以現金支付的感覺結帳。

此外，簽帳金融卡與信用卡一樣，可在國內外的VISA、MasterCard的加盟店使用，更棒的是，還享有1%的現金回饋，所以非常划算。由於無法支付高於帳戶餘額的金額，所以用起來非常放心。

不過，我每個月的水電費、手機費以及其他的「固定費用」，都是以信用卡支付，因為簽帳金融卡本來就是無法支付月費的設定（避免因為餘額不足而拖欠費用）。話說回來，只要立下「信用卡只用來支付固定費用」的規則，就不太可能出現「刷爆信用卡」，卡費高於收入的問題。

除了選擇事先支付之外，我還有「不使用現金結帳」這個原則。**我覺得，現金是可怕的東西，因為不會留下任何數位記錄。一旦不知道錢用到哪裡去，就很難追蹤與回顧**，而且不小心弄丟或是被偷，也沒辦法找回來。再者，利用現金支付就無法累積「點數」，也無法留下「從何時開始以現金支付」的記錄，所以無法累積「信用」。

近年來，紙鈔、硬幣都已成為細菌與病毒的溫床，也有可能成為新冠病毒的媒介。各位也都知道，日本政府正在推廣「無現金支付」。對店員來說，現金支付也不是理想的支付方式，因為這麼一來，就不得不接觸紙鈔與硬幣。

如今只要有智慧型手機以及QR Code，就能電子支付，而災難頻傳的日本若堅持只用現金，很有可能遇到「沒辦法從ATM領錢」、「電子收銀機無法使用，零錢不足」或是「現金被偷」這類問題。建議大家同時使用「現金」與「簽帳金融卡」，一步步習慣無現金支付的生活。

減少東西的奧義就是「善用智慧型手機」

除了前述的信用卡與無現金支付，也必須努力學習智慧型手機的使用方法，因為在新冠疫情爆發之後，**「善用智慧型手機已是對生產者的一種體貼與幫助」**。在此為大家介紹三個實際的例子。

①不再使用紙本票券的現場音樂會

我分別在二〇二一年的十月與十二月，新冠疫情尚未止歇的時候，去了兩場現場音樂會。這兩場音樂會的共通之處就是「為了防堵疫情，停止使用紙本票券，只能以電子票券入場」。

知名藝人「YOASOBI」的演唱會讓我大受衝擊。其中之一的衝擊是「每個人都需要帶手機，否則就無法入場」。當時我是與朋友一起去，也是用我的「名字」與「電話號碼」買了我們兩個人的票。照理說，我可以利用電子票券App領取兩個人的票，沒想到，就像是Pay Pay的「分帳」功能般，電子票券居然傳送到我朋友的手機，如果沒有帶著用來買票的「電話號碼」的那支手機，就無法入場。這是為了杜絕黃牛的措施，我也覺得很合理。

另一個令我感到驚訝的是「沒有觀眾帶著螢光棒」，以及「可以全程錄影」這件事。只要每位觀眾打開智慧型手機的閃光燈就足以照亮會場，所以整個會場只有「白色燈光」，而且開放在社群媒體分享，所以隨時可以拍照。換言之，這場演唱會的觀眾可隨心所欲地使用智慧型手機。那場演唱會沒有「數位解毒」的概念，每位觀眾都可以單手拿著智慧型手機，享受整場演唱會。

②行動點餐的餐廳

所謂的「行動點餐」是指利用手上的智慧型手機掃描貼在餐廳桌上的「QR Code」，利用智慧型手機顯示菜單與點餐的系統，有些店家甚至提供從外部「預訂餐點」的服務，如此一來，消費者抵達店面的同時，就能立刻外帶商品。麥當勞、星巴克這類大型連鎖店已率先採用這套系統，許多個人經營的餐廳也已跟著採用。

有些餐廳甚至連「點餐專用的平板電腦」都沒有，只開放客人以手上的智慧型手機點餐。這應該是因為購置平板電腦或是無現金支付收銀機，也需要一定的費用。我認識的餐廳老闆雖然好不容易撐過新冠疫情，卻遇到人事費用不足，沒辦法請更多員工的問題。他的餐廳常常客滿，店員也忙著出餐與洗碗盤，完全沒時間幫客人點餐。前述的行動點餐系統可助人手不足的餐廳一臂之力。

③越來越多「拒收現金的店家」

二〇二一年六月的時候，我曾因為工作而住進東京都內的旅館（相鐵Fresa Inn），而這間旅館就只接受「無現金支付」。這間旅館接受「各種卡片」、「Pay Pay」、「LINEPay」這類支付方式，唯獨不接受現金。雖然入口處有三位接待客人的員工，但實際入住的時候，是利用「無現金支付的機器辦理入住手續」，所以這三位員工只負責介紹機器的操作方法。此外，經營「樂雅樂家庭餐廳」的「ROYAL控股株式會社」也因為推出「拒收現金，只接收無現金支付的餐廳」而引起話題。

電子票券加上行動點餐，這完全就是一股「去現金」的風潮。新冠疫情已經徹底打開「潘朵拉之盒」，這股數位化的浪潮已勢不可擋。**要一邊防範病毒，一邊參與社會生活，已少不了「透過智慧型手機互助」。**

就這層意義而言，我很感謝我的父母親採取的教育方針，感謝他們「讓我在能夠申辦簽帳金融卡的十六歲生日申辦簽帳金融卡」。當時還是高中生的我，只要在網路上面買東西，就得因為「貨到付款」而多付手續費，看不下去的父親告訴我「用卡片支付的話，就不用多付手續費。」。

如今也有任何年齡都能申辦的預付卡，比方說，Manmu公司發行的「VANDLE卡」或是Kyash公司推出的「Kyash卡」都是不錯的選擇。如果有一天我成為父親，我一定會讓小孩使用智慧型手機，而且連零用錢都以無現金支付的方式給，讓小孩「趁早習慣科技」。

利用無現金支付累積「信用分數」

用信用卡結帳或是無現金支付的話，累積「信用」可說是不容錯過的優點，比方說，我以自由工作者的身份展開各種活動時，也是透過信用卡的支付履歷（Credit Story）通過入住審查。

在現在的日本，自由工作者的社會信用低於上班族，很難通過大大小小的審查，所以再沒有比上述這種，透過信用卡的支付履歷通過入住審查更令人感動的事情。**這多虧我從年輕的時候，就一直使用信用卡支付水電費與其他的固定費用，而且連續支付了好幾年。**

除了信用卡之外，各個領域都需要累積「信用」，比方說，美國與中國早已是「信用評等下的社會」，尤其中國更是如此。在無現金支付普及率已接近百分之百的中國買東西，支付公用事業費用、繳稅，與朋友分帳，全部都採無現金的方式支付。流浪漢以QR Code接受愛心捐款的光景，還一度登上新聞版面。

在無現金支付如此普及的中國，信用評等越高，越有機會「減免租房之際的押金」或是「能在預訂飯店或是使用共享服務的時候，免除保證金」，也有機會「免費租用雨傘」或是「快速完成觀光簽證的申請」，社會風氣也因為信用評等而不斷改變。比方說，每個人有可能為了提升信用評等而「重視禮貌」或是「經濟變得更加活絡」、「審查成本較無信任社會大幅下降」，以及創造許多與整體社會有關的優點。

日本也已經有使用信用評等的服務。比方說，LINE公司的「LINE Score」就將使用LINE Pay的頻率視為信用評等，使用者可因為累積了足夠的信用分數而收到禮物，或是以較低的利息借款。此外，NTT DoCoMo的「DoCoMo Scoring」也會依照電信費用的支付履歷給予使用者優惠。企業當然也會禮遇值得信賴的人。今後，這股潮流應該會加速發展。

再者，「現金數位化」的趨勢也會隨著新冠疫情加速發展。

二〇二一年四月，日本銀行開始「數位日圓」的實驗。這是政府將正式的紙鈔與硬幣轉換成「數位貨幣」的實驗，與現在蔚為主流的信用卡或Pay Pay那種「無現金支付」，也就是「企業將消費者帳戶裡的現金轉換為數位資料，再替消費者付款」的模式完全不同。

這種「數位日圓」採用了與「比特幣」相同的系統（區塊鏈）。除了日本之外，各國也正在推動數位貨幣的實驗，例如歐洲正在實驗「數位歐元」的可行性，中國也在進行「數位人民幣」的實驗，這些數位貨幣也可用於日常生活的消費。所有的現金流都會在網路留下記錄，而且任何人都能瀏覽這類記錄，如此一來，就能**「防堵粉飾預算、逃稅這類犯罪行為」**，**「金錢的往來也不再需要透過銀行」**，**而且「因為戶籍或是家庭因素無法開設銀行帳戶（＝無法使用信用卡與Pay Pay）的人，也能使用金融服務」**，若這一切成真，智慧型手機也將成為不可或缺的東西。

「區塊鏈」的機制有點複雜，想知道的讀者請自行調查。若問還有哪些是以相同機制運作的東西，那就是最近很流行的「NFT（非同質化代幣）」，迪士尼或是三麗鷗也開始推出非數位商品的「NFT藝術品」。NFT背後的機制與比特幣相同，目前也有「出售讀完的電子書的所有權」與「發行數位版新冠病毒陰性證明」的應用方式，對極簡主義者來說，也是受惠無窮的科技。

在過去，以物易物的交易方式隨著貨幣問世而消失，石頭與貝殼這類貨幣也被紙鈔與硬幣取代，接下來輪到紙鈔與硬幣被數位貨幣取代。隨著時代的演進，金錢或是工具也變得更加精簡。

各位不妨趁著這波新冠疫情，挑戰與練習無現金支付吧。

別輕易參與「集點活動」

近年來，隨著各種無現金支付方式的登場，「～%現金回饋」的活動也越來越多。企業就算因為這些活動虧本，也能在占有市場之後，不斷地賺取手續費。因此雜誌、電視與社群媒體也不斷報導「活用〇〇經濟圈」、「辦張信用卡，在不同的店家累積紅利」、「〇〇特賣太便宜了」這類專題，而這就是所謂的「集點活動」風潮。

我還記得，有許多人急著在消費稅於二〇一九年十月從8%漲至10%之前消費，例如有些人搶著購買衛生紙這類日常用品，整個店門被搜購一空的畫面也令人印象深刻。話說回來，就算買了一萬日圓的衛生紙，也不過節省了兩百日圓而已。

說到這裡，各位應該已經發現，沉迷於集點活動根本是本末倒置之舉。

「無現金支付的現金回饋、集點活動還是其他的Pay划算嗎？」、「哪些商品維持8%的稅率？哪些維持10%的稅率？」，了解制度，在制度之中獲利固然重

要，但說到底，「不需要的東西不要買」，只要不亂買，就能得到百分之百的現金回饋，還能減少手邊的東西，以及精準掌握所有物的數量。不讓庫存過期才是最節儉的方法。

我不打算否定集點活動，我也會定期檢視主要的信用卡，或是接收最低限度的紅利回饋，但我不曾在不同的店家使用不同的信用卡，也不曾在週年慶拼命消費。就算在不同的店家使用不同的信用卡可以得到一些好處，但是信用卡的管理會變得很複雜，而且「不買最划算」，管理這些信用卡是需要成本的。就某種意義來說，日本的集點制度非常棒，而且從全世界的角度來看，再沒有比日本更優惠的國家，說得極端一點，有些人甚至可透過集點活動生活。比方說，牛丼店、冰淇淋店的店門口就曾經大排長龍，只因為免費送出原價約四百日圓的食物，有些人不惜排二至三小時，也要排到這些東西，電視新聞也曾報導這件事。如果是沒什麼零用錢的小學生或國中生去排，我還稍微能夠理解，但請各位仔細想想看，**花時間了解有哪些活動，花時間收集哪邊比較便宜的資訊，其實付出了不少時間成本。**

不買自己無法善後的東西

我心目中的理想人生就是「不正不負，一切歸零」的生活。

比方說，最近我很常接到親戚打電話來跟我說「房子之後若是要住的話，可以住喲！」這其實是在告訴我「房子的事就交給你處理」，但我根本不想要我爸媽的房子。

因為鋼筋水泥的耐用度頂多一百年，所以房子的屋況會越變越差，最終變得不堪居住。換句話說，**「只要房子一直傳承下去，總有一代會抽到下下籤」**。其實我的老家有很多漏水的地方，牆壁也出現壁癌，親戚也很常因為籌不出修繕費而抱怨，一旦在財產還沒處理完的情況下過世，就等於得麻煩別人幫忙處理這些財產。我知道，只要活著就一定會給別人添麻煩，但如果懂得自我管理，做完所有做得到的部分，心裡才比較過得去，如果都以「為了孩子買」、「為了讓後代繼承」這種理由，或是別人會幫忙收拾善後的藉口買東西，絕對會造成別人的困擾。**除了房子之外，小孩或是寵物這類「生物」更是如此，所以最好不要擁有自**

己無法照顧或是收拾善後的東西。

日本人常被形容成「珍惜東西」的民族，卻不太重視房子。以木造建築為例，法定的耐用年數為二十二年，不動產業界也以此為準，將屋齡二十幾年的木造透天厝判定為無剩餘價值，要賣也賣不掉的房子。屋齡超過二十年的房子當然還能住，但需要定期維修，修繕的成本過高，所以很麻煩，更何況市價很差，流動性也不高，所以很難轉售。

最近我有位朋友從福岡搬到島根的鄉下，讓我最感到意外的是，房租居然只要一萬七千五百日圓，而且還能領取當地的房租津貼，每個月可領到一萬五千日圓的補助，換言之，他每個月的房租只需要付兩千五百日圓，為什麼這種「超便宜、超廣敞的透天厝」會在市面流通呢？大家不會覺得很不可思議嗎？

這是因為日本的少子化、高齡化問題越來越嚴重，「空房」越來越多，就算能以接近免費的價格出售，也很難找到買家。在因為少子高齡化而不得不「前往都會討生活，以及不得不互相幫助才能活下去」的日本，出售房子的難度非常高。

而且我的老家在鄉下，如果我真的住進去，恐怕很難繼續從事現在的工作，尤其在遠距工作如此普及的現在，我不想接下來的人生都被綁在同一個地方。此外，我也很想搬去國外住看看，**「小孩子若是只能住在同一個地方，就無法盡情實現夢想」**，所以我才覺得父母親的房子是負資產，雖然這句話聽起來很毒舌就是了。所以，就算能免費繼承老家，我也高興不起來，我甚至想大喊「自己買的東西，自己收拾善後」。我知道，這樣會被當成「無情冷漠的小孩」，但不管是父母親還是小孩，終究是各自獨立的個體。

要與誰來往，要做什麼工作，要住在哪裡，要擁有哪些東西，自己的人生，自己決定，這才是所謂的大人。

日本心理健全支援機構代表理事大野萌子曾說：「讓孩子失去未來的父母親都有一個共通之處，那就是很愛對小孩做的每件事插嘴。」，我對這句話深表認同。父母親之所以過度干涉孩子的行為，原因之一就是父母親不想放開小孩，不希望小孩獨立。

給小孩房子也是干涉孩子的手段之一，但這不過是以「親情」為名的「占有慾」而已。

一如「空巢症候群」這個名詞，許多父母親都無法承受「放開孩子的孤獨感」。一個不完整的人，很難讓別人幸福。父母親與孩子若要維持適當的距離，就得各自「面對自己的人生」。放手，也是一種愛。

為什麼不是練習「丟棄」，而是練習「放手」？

如果突然被問到「丟棄」與「放手」的差異，大家會怎麼回答？這兩個詞彙聽起來很像，但意思完全不同。

- **丟棄**：以「丟垃圾」、「亂丟菸蒂」這類說法而言，丟棄較偏向「報廢」概念。
- **放手**：將不需要的東西拿到Mercari或是二手回收店出售，或是讓給需要的人。不然也可以透過共享服務或是租借服務使用，用完之後，讓別人也有機會使用。換句話說，放手比較偏向「循環」的意思。

至於要選擇丟棄還是放手，端看「以什麼為優先」。以金錢為優先？還是以速度為優先？一如本書前面提到的：「將破銅爛鐵拿去二手回收店，也只會造成店家麻煩」、「剛開始學習整理的初學者通常只會整理出一堆垃圾，沒辦法轉賣，也沒辦法讓給別人，所以就丟掉吧」，所以有些人是無法選擇「放手」的，因此本章也提到「不過度增加東西的方法」。

換言之，本書的終極目標就是——**「連丟棄物品的數量都符合極簡主義」**。

為此，請大家學會「正確增加東西的方法」，也有必要提倡精選物品，讓物品得以循環的主張。近年來「SDGs」與「永續性」這類「循環」的概念已成為主流，而「SDGs」是「Sustainable Development Goals」的縮寫，中文譯成「永續發展目標」，嚴格來說，「SDGs」包含了十七個目標，不僅僅是「永續性」，而本書要介紹的是「永續性」（得以長期維持的系統或流程）的部分。

知名漫畫《鬼滅之刃》的主題之一也是「循環」。為了不劇透，在此省略相關的細節，但仔細觀察《鬼滅之刃》的封面標題有個「圓」。聽到「永續性」這個字眼，大部分的人都會聯想到環保這類環境問題對吧。**不過我連生活、家事與工作都很重視「永續性」**。具體來說，就是「不管身體狀況如何，都要讓生活難度降低到能維持一年三百六十五天的程度」、「必須使盡全力才能持續的事情就放棄」。

以家事為例，只要是人，就會因為生病或是心情不好，而無法完成每天的例行公事，但能在這種狀態持之以恆的便是**「具有永續性的家事」**。我購買掃地機器人的理由也是這個，因為「只要按個按鈕」或是「設定計時器」，掃地機器人就會幫忙打掃，我也能省去不少做家事的麻煩。

洗衣服也是一樣，我覺得在下雨天或是下班回家，累得半死的時候「洗衣服很麻煩」，所以「只買脫水也不會變皺的衣服」，平日的飲食也以不用另外烹調，可以「直接生吃」的食材（有時也會吃鯖魚罐頭或是水果）為主。

其次則是工作的部分。我剛開始經營YouTube的時候，就立下「用一台智慧型手機攝影，然後不剪接就上傳」的規則。一聽到拍攝影片，很多人都會想到需要添購厲害的相機、燈光，還得使用規格很強的電腦剪接，所以上傳影片讓人覺得是件很困難的事，但最糟的情況就是因為上述這些理由而不願踏出第一步，所以就算拍得不好，也要先拍拍看。

此外，要讓公司能繼續經營下去，就得問問自己「這份事業能否永續經營？」如果無法持續創造利潤，公司總有一天會倒閉，員工也有可能流落街頭。

生活品質也需要重視永續性。我不否定為了體驗而住進摩天大廈，但是，在租房子的時候，若不先思考「能不能在最糟的情況下付得了房租」或是「有沒有辦法存錢」這類問題，生活品質就會越變越差。以我而言，我就想像過**「變成打工族，也能維持的生活品質」**，最終才找到現在這種「具有永續性的生活」。

節能的冷氣不會消耗太多電力，電費也不會太高，而徹底重視環保與永續性，不僅是對自己有利，也能同時保護環境。

終章

遇見懂得留白的自己

因為有了餘裕，才能愛上浪費

我的理想人生就是**「盡可能降低生活成本，不會對浪費感到罪惡，充滿留白的人生」**。

比方說，眼前有兩個人，這兩個人每個月可支配的資金都是十五萬日圓。

- 房租、水電費這類每月固定支出費用為七萬日圓，能用於旅行、讀書、儲蓄的「閒錢」為八萬日圓的人。
- 房租、水電費這類每月固定支出費用為十四萬日圓，能用於旅行、讀書、儲蓄的「閒錢」為一萬日圓的人。

我的理想為前者，因為固定支出的費用（極簡生活成本）越低，人生的自由度就越高。比起每天兢兢業業地工作，每天都在想「每個月都得賺到十四萬日圓才活得下去」的人，「每個月只需要賺到七萬日圓就活得下去」的人顯得更加從容。不過，**就算厲行「減物」，我還是有絕對不放手的東西，那就是所謂的「玩心」**。

什麼是玩心？字典的解釋如下——

「不是不可或缺，但有的話會讓人變得開心的元素，或是心裡游刃有餘才有的調皮」（Google日文字典）

「從容與灑脫的內心」（Digital大辭泉）

最近似乎一直聽到「不要不急」（不需要、不緊急）這個阻止新冠疫情蔓延的口號。

餐廳、旅行業、音樂祭、電影院這類藝文活動也都因為「不要不急」這個口號而難以進行。相較於醫療機構，這類藝文活動的確沒那麼緊急，所以暫時受限也是無可奈何，但是從長遠的眼光來看，人類終究需要這類藝文活動。

應該有不少人覺得每天往返家裡、職場或是超市的生活很有壓力，「內心變得很窘迫」對吧？我喜歡的三溫暖、健身房與公共堂也曾一時停業。只有在失去這些東西之後，才會真的覺得「這些東西果然還是必要的啊」。之前本書也提過，新冠疫情爆發之後，罹患憂鬱症的人與自殺率都增加不少，近年來，精神疾病也受到重視。「過勞死」、「憂鬱症」、「自殺」……在充滿這些社會問題的「高壓社會」之中，「玩心」可幫助我們增加抗壓力。

前面提過，極簡主義者的語源為「藝術」，藝術品往往被視為「不具功能性的無用之物」，無助於「食衣住」這些方面，所以就活下去這點而言，藝術品可說是無用之物，不過，藝術品卻能賦予「生活意義」，換言之，少了這些「無用」或是「玩心」，一味追求效率的人生也毫無樂趣可言。

「既然無用的事物那麼重要，那麼多花一點錢買東西也沒問題囉？」當然不是，**因為愛上「浪費」或是「無用之物」是只有懂得從容的人才有的特權。**

「為了下個月的房租，非得增加輪班不可……」

「明明下班回家都已經累得半死，怎麼還有力氣收拾家裡？」

聽到這裡，有些人可能會覺得我的意思是「只有有錢人才配具有玩心」。

不過就現實來看，在生活無以為繼的狀態下，的確很難愛上「浪費」或是「無用之物」。不管是結婚、養兒育女還是飼養寵物，都需要具備一定的經濟能力，內心也要留有餘裕，否則就會中途放棄。就算興趣是收集東西，也得有力氣打掃大房子，不然就是得請得起幫傭。如果是已經退休，擁有很多時間的人，當然也沒問題。所謂的「浪費」，是行有餘力才有的特權。

一如Google日文字典對於「玩心」，也就是「不是不可或缺，但有的話會讓人變得開心的元素，或是心裡游刃有餘才有的調皮」的解釋，**「不是行有餘力的浪費，只是單純的浪費」**。

所以最該先追求的是「內心的從容」。先著手減少東西，再思考要不要住進寬敞的房子，先貫徹不太花錢的生活，再思考對錢有沒有慾望這個問題，總之請大家先從減少東西，追求內心的從容開始。

參透「無謂的閒人」的稀有性比別人高的三個理由

若問減少東西省下來的錢或時間可用在哪裡，其實就是用在無謂的東西。比方說，我的興趣是打電動與看動漫，我也很喜歡洗三溫暖，每週至少要洗三次。此外，我喜歡極簡主義者、美術館或是藝廊那種「充滿留白的極簡空間」，也喜歡蘋果公司的產品或是無印良品的商品，每次使用這些極簡設計的產品時，心情都很雀躍。

或許「追尋極簡主義」已是我的興趣，這也是我開始寫部落格的契機。在沒有興趣的人眼中，這些興趣都很「無用」。

打電動、看動漫能創造什麼結果？
在三溫暖放空有什麼意義？
追尋極簡主義有什麼樂趣可言？

對別人難以理解，或是那些看似「無用」的東西沉迷。正是這樣，才算得上「你喜歡的事情」或是「擅長的事情」，也可說是你的「偏好」。

有些人很愛說自己「沒有興趣」，但我覺得這不是真的，要我來說，這只是因為沒有足夠的「留白」使然：每天都為了一堆不得不做的事情忙得團團轉，沒能發現自己喜歡的事情或是興趣。所以才需要「留白」，從留白發現真正的自己。擁有太多東西會陷入負的狀態，但如果將東西減至最低的需求量，才能夠歸零。所以，第一步是先減少東西，創造留白，就能了解自己。持續追尋極簡主義，就能培養出選擇能力，也能快速找到「自己能夠發光發熱」的地方。就這層意義來看，我認為今後「參透無謂的閒人很稀有」，理由有三個。

①因為「AI」、「自動化」的發展，產生「遊戲變成工作」的社會。
②要騰出時間遊玩，就必須「降低生活成本」。
③「食衣住」與「遊戲」都會變得便宜。

①因為「AI」、「自動化」的發展，產生「遊戲變成工作」的社會。

生活多出留白，導致「極簡主義者SHIBU」誕生就是絕佳範例，其他還有「哈利波特」的作者JK羅琳一邊接受生活津貼，一邊寫小說的例子。換言之，只有時間足夠的人，才能將遊戲變成工作。

最近很常聽到「AI會搶走人類的工作」這類說法，而且這股潮流還因為疫情而加速發展，與別人碰面的機會也變少，也出現了自助式結帳的無人櫃台。假設自動駕駛系統進一步發展，恐怕連計程車都會由自動駕駛系統控制。最近也出現了不少「沒有店員的超商或是煎餃店」。在人類的工作越來越少之下，YouTuber或電競選手這類職業隨之登場。當社會變得越來越富庶，人類就越來越空閒，人類的工作也變成遊戲。

②要騰出時間遊玩，就必須「降低生活成本」。

要想遊玩，就需要保有時間與健康，但不太需要金錢。就算是電動，例如最近很紅的「要塞英雄」或是「Apex英雄」，基本上都可以「免費玩」。若問是哪個部分要花錢，答案就是「在遊戲之內購買不影響角色能力的服裝」，如果不打算透過「虛擬服飾」滿足虛榮心，事實上是不需要花錢的。此外，一開始也只需要花三萬日圓～五萬日圓買電動遊樂器，而且電動遊樂器通常可以玩很多年。最新推出的遊戲可買盒裝版，方便玩完之後立刻賣掉，回收大部分的成本。我手上的Nintendo Switch遊戲已經玩超過二千個小時，這台遊戲主機買了四年多，到現在都還在玩。打電動是我最省錢、CP值最高的興趣。

旅行也是，最近只要選擇「捷星航空」或是「樂桃航空」這類廉航（一般稱為LCC，是Low Cost Carrier的縮寫），就能以「單程一千日圓」的優惠價格搭乘。前幾天我從福岡飛往東京就是搭乘LCC，以往返不到一萬日圓的費用當天來回，參加演唱會。當娛樂變得這麼便宜，人生需要的就是「時間與健康」。與其過度追求生活品質，被每天的工作奪走時間與健康，**「過著品質稍低，沒有壓力，每天睡飽七小時的生活，以及擁有健康與時間的閒人」還比較有價值。**

第64頁的「風之時代」有張表格，表格的最後是「努力、毅力」，在此希望大家將注意力放在「努力與毅力」可置換為「喜歡的事情、擅長的事情」這點。中國的老子也很推薦「玩心」，他認為「懂得生活的人，不會將工作與遊戲一分為二」。

③「食衣住」與「遊戲」都會變得便宜。

二〇一九年，「#實領十五萬日圓」這個關鍵字在推特造成話題。「僅可苟延殘喘的工作越來越多，日本正走向滅亡」的貼文甚至躍上趨勢排行榜第一名。如果每個月實領十五萬日圓的話，加上被扣除的社會保險費以及其他費用，每個月的薪水大概是二十萬日圓左右。看來，低薪已成為社會問題，但真正的問題在於**「實領十五萬日圓就感到不幸的心態」**。

為什麼我會這麼說呢？全是因為現在就算沒錢，物質生活不夠滿足，還是能過著與昭和或平成時代的「有錢人」一樣的生活。現在已經是一台手機就能接觸各種資訊的時代，只要連上網路，就能透過YouTube或其他平台收看各種過去的影片，而且除了三大昂貴的電信商之外，還有很便宜的電信商可以選擇。

Uniqlo的一千日圓T恤的品質很棒之外，也能在Mercari買到便宜的東西，之後也還能賣掉，換回一些錢。大企業的大量生產沒有所謂的善惡之分，換言之，拜「大量生產」與「AI的無人化」之賜，只要實領十五萬日圓，就能擁有「最低限度的生活品質」，而且這種生活也很優質。

如果為了讓生活過得更滋潤，而想多賺點錢的話，可試著做一些副業，例如在Mercari賣東西，或是當YouTuber。透過極簡生活存錢，學習程式語言或是一些技能，也是不錯的選擇。

更棒的是，就算沒有存款，現在也能在YouTube免費收看「明星老師的課程」。我的朋友「yobinoritakumi」在YouTube上傳了免費的課程，而且每堂課都很有趣。真沒想到比補習班或學校還淺顯易懂的名師課程會是免費的。隨著網路普及，賺錢的機會或手段也增加不少，每個人都有機會追求「更多面向的自己」，所以實領十五萬日圓不會是不幸的理由。

不能因為興趣而毀掉生活

酒精中毒、性成癮、遊戲成癮、購物成癮、智慧型手機成癮，我前面提過，「在快樂的事情上花錢或時間，也不會有罪惡感的人生最理想」。

或許有些人覺得我這句話很矛盾，**但問題在於「過度」。留白的本質就是「不做太多」，所以「too much」才是問題所在。**

比方說，酗酒會讓我們喝不出「酒的美好」，所以要能長期品嘗美酒，就必須懂得控制飲酒的次數與分量，換言之，**越是喜歡的東西，就越該懂得「節制」**。

以我為例，我是個很愛打電動的人，我喜歡「明星大亂鬥」這類格鬥遊戲，也喜歡「APEX」這類FPS生存遊戲。但因為覺得「玩得時間越長越隨便，玩不出什麼結果」。所以我會決定「今天只打十場」，然後就每天玩。因為有這個限制，所以會玩得更小心，比起隨便打三十場，集中注意力打十場更有戰績，也學到更多東西。

時尚的部分也是一樣。我雖然很喜歡衣服，但規定自己的衣櫥不能放超過十件衣服。如果要買新衣服，就一定要賣掉或是轉讓其中一件。正因為有數量上的限制，所以我都會一直思考每件衣服該怎麼搭配。如果因為喜歡衣服而買個不停，不管是洗衣服還是燙衣服都會變得很麻煩，而且一定會出現穿不到的衣服。

記得我還在打工的時候，就曾經不惜分期付款，也要買衣服。我會去喜歡的服飾店，與交情不錯的員工交換LINE，然後只要有新品上市，就會奉上所有打工賺的錢。那段時間，我的生活因為買衣服這個興趣而變得亂七八糟。**正因為喜歡衣服，所以才要限制擁有的數量，一件一件地用心穿。**一聽到成癮症，大部分的人都會想到酒精中毒、性愛、遊戲這類「成癮性極高的事物」，但是就像我愛買衣服這件事，任何事物都有可能讓人上癮，一旦少了這樣東西，就會讓人心情煩躁，所以絕對不能因為興趣而毀了自己的生活。

只有「產出」才能成為抵擋「消費」的盾牌

建議大家盡可能養成「輸出」的習慣。

因為現在已經是一台智慧型手機就能快速「消費」的時代，但是，消費已經令人生厭。不管是Instagram上面的時尚雜貨，還是燈紅酒綠的夜間泳池，全都是為了取悅大眾的「行銷商品」。**很多人都會因為消費而感到幸福，卻很少有人因為產出事物而感到幸福。**消費不是罪過，但「一味追求消費的人生」一定很辛苦。

其實只要有一台智慧型手機，也能快速「產出」作品。近年來，不難看到家庭主婦在Instagram上傳食譜，或是大學生在YouTube定期上傳影片的例子。有些觀眾還會在藝人MV的留言欄提出「這歌詞是這個意思嗎？」的留言。除了藝人之外，一般人「產出」的內容越來越多。看來越來越多人不喜歡消費，改從產出內容尋找樂趣。就連iPhone 13 Pro的廣告也以「好萊塢就在你的口袋」為廣告文案，大肆宣傳用一台手機拍攝電影的景象。過去得耗費數百萬日圓才能買到的專業級器材已內建於各位的手機之中，不管是一般人還是專家，使用的道具都是相同的。從智慧型手機的進化過程也可以發現，過去是以「如何快速消費」為進化的主軸，例如螢幕越做越大就是其中一例，但最近慢慢地轉型為「如何快速產出」的趨勢，例如鏡頭的畫質越來越高，或是內建AR（擴增實境）這類功能就是其中一例。

一如極簡主義者的起源為「藝術家」，「產出」也是極簡主義的本質之一，不只是消費別人產出的內容，而是試著自行產出內容，也是遏止消費的力量。

具體來說，該從哪裡開始產出呢？比方說，在買了某個東西或是讀完某本書之後，不要就此做罷，而是試著在社群媒體撰寫評論，也就是同時輸出內容。一如「東西增加一個，就要減少一個」的規則，還要進行「說話」、「書寫」、「採取行動」這些行動。現代人通常只做到「閱讀」、「聆聽」、「瀏覽」，成為只進不出的大胖子，但只要養成輸出的習慣，你的消費就會成為「產出的活水」。

我在轉職為極簡主義的部落客之前，常撰寫餐廳、小工具或是書籍的評論。去吃拉麵的時候，也會拍下菜單，寫下拉麵的價格、味道以及營業時間，久而久之便懂得觀察細節。例如會發現「這間餐廳除了準備塑膠筷，還準備了衛生筷，真是貼心」或是「沒想到是利用炭火烤叉燒，看來對豬肉很講究」這類細節，也能更仔細地品嘗眼前的餐點。

讀書也是一樣，不要抱著「先讀再說，總有一天會派上用場」的心態閱讀，而是要以「從春天開始就要獨立生活，所以要選擇對現在的自己有幫助的極簡主義書籍」。正因為是以輸出為前提，所以才能抱著「為了在讀完之後在社群媒體分享，所以要邊讀邊整理重點」的心態專心吸收內容。

更棒的是，由自己撰寫的部落格文章或是拍攝的YouTube影片還可以創造「廣告收益」。很少人可以靠著興趣生活，用於消費的金錢或是時間其實是可以部分回收的。就算無法創造收益，在輸出的過程中，還是能「整理思緒」，與朋友聊天的時候，就會多些話題，進行工作簡報時，口條也會變得比較流利。我很常在YouTube「直播」，每次直播，大概都可以連續講三個小時。我之所以能講這麼久，而且話題都不會中斷，全是因為我在讀書與收集資訊的時候，總是希望「讓觀眾能快速理解」我想傳遞的內容。

最棒的產出者就是最棒的消費者。優質的產出少不了優質的輸入。如此一來，就不會想亂買東西，也更懂得精挑細選，而且利用智慧型手機產出內容不需要花半毛錢，只需要時間與精力而已。

試著創造留白，面對自己

「減少東西」、「重視放空的時間」、「讓壓力減至最低」，實踐這些理念，讓多餘的東西一步步離開自己的人生之後，最後會剩下什麼？

答案是「真正的自己」。大部分的人，每天過著「幾點之前，非去某個地方不可」、「忙著洗衣服、打掃這些家事」這類忙得不可開交的生活，也承受了莫大的壓力。可是當我們減少東西，減少工時與壓力，生活就會多些留白。**當你在某個瞬間突然想到「想試著做做看某件事」，代表這件事是你真的想做的事，而這就是真正的你。**在「壓力完全釋放，完全放空」時想到的事情，通常是喜歡的事情或是擅長的事情，也是最有價值的事情。對現代人來說，這種「留白」實在少得可憐。明明人生只有一次，這樣未免太過可惜。建議大家徹底將無用的東西趕出生活，藉此創造「留白」與面對自己。

當我將那些無用之物趕出人生，我變得對設計與藝術更有興趣，這也是本書常

以「設計生活方式」、「美術館」、「藝廊」與「機能美」為例的理由。前幾天我與朋友去了家具行，走進這間店之後，發現有三分之一的空間是藝術區，結果我反而對這區的「繪畫」更有興趣，遠勝於這間店的家具。其實我之前對藝術品一點興趣也沒有，說得更正確一點，應該是「沒時間與精力注意藝術」。

其實極簡主義不只是「減少東西」這點得到支持，在「創作」的方面也得到許多人的支持。比方說，本書於一開始介紹的「THE FIRST TAKE」音樂頻道於二〇一九年十一月創立之後，在短短的一年十個月，就達成五百萬訂閱者的壯舉。更遑論足以代表極簡主義的蘋果公司是全世界市價第一名的公司這件事。

有時間的人開始對設計或藝術感到興趣的現象不僅發生在我身上，也發生在很多人身上。比方說，ZOZO的創辦人前澤友作曾斥資一百二十三億日圓購買美國藝術家讓-米切爾．巴斯奇亞（Jean-Michel Basquiat）的作品，也因此造成話題。像他這種有錢有時間的人，常常會有收集「藝術作品」的習慣。自古以來，人們只要擁有了金錢與權力，就會開始在「美學」花錢。

這些人之所以會如此，其實理由很簡單。就只是因為「追求樂趣」而已。以遊戲實況為例，「禁止使用補血道具」或是「只能利用特定武器作戰」這類「追加限制的遊玩方式」非常受歡迎。如果只是為了破關的話，這種遊玩方式絕對毫無效率可言，但是這種遊玩方式卻吸引了很多人觀賞。簡單來說，這種追加限制的遊玩方式就是一種「藝術」，朝著名為「限制」的高牆衝撞，便會產生令人動容的劇情或場景，也會讓人陷入瘋狂。

高價的知名藝術品除了畫得很好，本身的「歷史」是其變得如此高價的原因。換言之，藝術品雖然沒什麼效率，卻令人感到快樂，從誕生到現代的過程也令人感動。我認為這就是所謂的「美」。

之前介紹「機能美」的時候提到，所謂的機能美是指「機能（效率）」與「美（不具效率）」取得平衡的狀態，而這種狀態就是所謂的設計。**反之，我認為在捨去「機能」，專注在「美」的部分之後，設計就會升華為「藝術」。**

以時尚服飾為例，在夏天穿著「亞麻材質」的服飾可說是最具季節性的打扮，但是能於任何季節穿著的「棉質衣服」更耐穿，也更具機能性，而且也很容易保養，所以只適合在夏天穿著的「亞麻材質」也因為只能在夏天穿著這點顯得與眾不同，也因為很難保養與不具效率才顯得美麗。

讓我們回到正題吧。我絕不是「有錢人」，但因為力行極簡生活才有機會擁有「閒暇的時間」，也因為如此，才能在瀏覽網站的時候發現「這個按鈕好像很多餘」或是「這個動線很複雜，很難瀏覽」這類問題，而當我懂得以這種角度觀察世界，我的工作與興趣也因此有所長進。

這一切純粹是我個人的情況，不代表各位讀者都必須對設計或是藝術產生興趣，在此還請各位尋找屬於自己的答案。

結語

相遇與離別就像是孿生兄弟。

在走進入口的瞬間，就必須思索哪個出口最理想。

「人生足別離」

這是小說家井伏鱒二翻譯的漢詩《勸酒》的句子。沒有任何東西能永遠存在，但是，只要能明白「總有一天需要說再見」這點，就能認真面對各種事物。一味追求「擁有」，只會讓人生變得悲慘，所以一定要預先擬訂出口戰略。只要能依照出口戰略，積極地放下東西，對自己與對那樣東西都是幸福的。這個原則不只適用於「實體的東西」，也適用於「抽象的事物」，比方說，人際關係，例行公事、喜歡的工作與興趣，找出真正重要的事物，再投注熱情，也就是所謂的「愛」。

或許是因為新冠疫情的影響，每個人似乎都渴望著「愛」，我身邊也有不少朋友因為新冠疫情而結婚。除了結婚之外，讓「愛」變得更具體可見的產品與服務也不斷成長。比方說，丸龜製麵雖然透過AI讓庫存管理這類業務變得更有效率，卻「刻意聘請年長的員工，在開放式廚房展示花心思慢慢烹調料理的模樣，以及讓這些員工在櫃台用心接待每一位客人」，藉由這種兼顧效率與非效率的服務方式拉抬業績。雖然這種方式與那些透過自動結帳系統提升效率的連鎖店背道而馳，卻讓「愛」變得更具體可見。

人類若是不追求效率，就無法擁有自己的時間，如果不懂得「遊戲」與「愛」這類沒有效率的事物，就會不斷累積壓力。我覺得人類真的是很麻煩的生物，一切都是「均衡與否」的問題。所以，為了在喜愛的事物投注所謂的「愛」，就要以「徹底放手」為生活的前提，這個態度也將帶領大家掌握更大的幸福。

2022年2月

極簡主義者SHIBU

從加法開始的

極簡生活

澀谷直人的富足人生提案，教你輕鬆拋開數位焦慮，
從取捨練習找到真正的自由

作者澀谷直人
譯者許郁文
主編唐德容
責任編輯孫珍
封面設計羅婕云
內頁美術設計林意玲

發行人何飛鵬
PCH集團生活旅遊事業總經理暨社長李淑霞
總編輯汪雨菁
行銷企畫經理呂妙君
行銷企劃專員許立心

出版公司
墨刻出版股份有限公司
地址：115台北市南港區昆陽街16號7樓
電話：886-2-2500-7008／傳真：886-2-2500-7796
E-mail：mook_service@hmg.com.tw
發行公司
英屬蓋曼群島商家庭傳媒股份有限公司城邦分公司
城邦讀書花園：www.cite.com.tw
劃撥：19863813／戶名：書虫股份有限公司
香港發行城邦（香港）出版集團有限公司
地址：香港九龍土瓜灣土瓜灣道86號順聯工業大廈6樓A室
電話：852-2508-6231／傳真：852-2578-9337／E-mail：services@cite.my
城邦（馬新）出版集團 Cite (M) Sdn Bhd
地址：41, Jalan Radin Anum, Bandar Baru Sri Petaling, 57000 Kuala Lumpur, Malaysia.
電話：(603)90563833／傳真：(603)90576622／E-mail：hkcite@biznetvigator.com
製版・印刷漾格科技股份有限公司
ISBN978-986-289-933-5・978-986-289-932-8（EPUB）
城邦書號KJ2090 **初版**2023年11月 **四刷**2024年6月
定價400元
MOOK官網www.mook.com.tw
Facebook粉絲團
MOOK墨刻出版 www.facebook.com/travelmook

國家圖書館出版品預行編目資料

從加法開始的極簡生活：澀谷直人的富足人生提案,教你輕鬆拋開數位焦慮,從取捨練習找到真正的自由/澀谷直人著；許郁文譯. -- 初版. -- 臺北市：墨刻出版股份有限公司出版：英屬蓋曼群島商家庭傳媒股份有限公司城邦分公司發行, 2023.11
264面；14.8×21公分. -- (SASUGAS；90)
譯自：手放す練習 ムダに消耗しない取捨選択
ISBN 978-986-289-933-5(平裝)
1.CST: 簡化生活 2.CST: 生活指導
192.5 112015483